Helga Zitzlsperger
Musik in Linien und Farben

Helga Zitzlsperger

Musik in Linien und Farben

Rhythmisch musikalische Erziehung
mit dynamischen Notenbildern

Beltz Verlag · Weinheim und Basel 1976

Helga Zitzlsperger, geb. 1941, Ausbildung zur Grund- und Hauptschullehrerin, Fernstudium für Gebrauchs- und Werbegrafik, Schuldienst an Grund- und Sonderschule.
Zur Zeit arbeitet Frau Zitzlsperger in einem Vorschulmodell des Landes Baden-Württemberg.

CIP-Kurztitelaufnahme der Deutschen Bibliothek

Zitzlsperger, Helga
Musik in Linien und Farben : rythm. musikal.
Erziehung mit dynam. Notenbildern.
(Beltz-Praxis)
ISBN 3-407-62002-0

Gesamtherstellung: Beltz, Offsetdruck, 6944 Hemsbach über Weinheim
Printed in Germany

ISBN 3 407 62002 0

Inhaltsverzeichnis

Einführung 9

1. Einheit: Die Kinder erkennen, daß mit verschiedenem Material verschiedene Klangfärbungen erreicht werden können. Sie lernen, auf Handzeichen zu reagieren und zu spielen 14

2. Einheit: Die Kinder festigen ihre Kenntnisse im Erzeugen verschiedener Klangfärbungen durch verschiedenes Material. Zu „laut“ und „leise“ kommen „hohe“ und „tiefe“ Töne. Sie lernen, rhythmisch mitzuspielen und zu singen 15

3. Einheit: Die Kinder spielen und sprechen nach Handzeichen und passendem Textgehalt von leise bis laut. Sie setzen Gesprochenes in rhythmische Schwingungen und in eine graphische Notation um. 16

4. Einheit: Die Kinder führen durch: Instrumental- und Vokalmusik mit Betonung von „laut“ und „leise“ im an- und abschwellenden Ton. Eine Notation, als Dynamisches Notenbild, wird mit vorgegebenen Farben und einfachen Schriftelementen gemalt. 18

5. Einheit: Die Kinder setzen tiefe und hohe Töne in einer Notation in Farben um. 20

6. Einheit: Die Kinder erzeugen hohe und tiefe Töne und spielen Klanggeschichten (Tonlagen in Farben) ab. Ein weiteres „dynamisches Notenbild“ wird entwickelt. 22

7. Einheit: Die Kinder lernen, neben „hoch“ und „tief“ im Echospiel auch bewußt „laut“ und „leise“ zu spielen. Sie führen Echo-Notationen durch. 24

8. Einheit: Die Kinder vertiefen ihre Kenntnisse im Echospiel und malen ein Dynamisches Notenbild mit Laut-Leise-Kontrast in Farben. 26

9. Einheit: Die Kinder spielen und singen mit „Echoeffekt“ und führen eine weitere Notation zum „Echo“ durch. 28

10. Einheit: Die Kinder setzen gehörte Geräusche in Gesamtkörperbewegungen um. Sie bewegen sich rhythmisch – entsprechend dem Text – und malen danach in Auswertung ein dynamisches Notenbild (vom Frosch). 30

11. Einheit: Die Kinder üben sich in einfühlendem Hören und farbigem Wiedergeben von hohen und tiefen Tönen im Laut-Leise-Kontrast. Das Legato und Staccato wird mit gehackten und langgezogenen Tönen bewußt gemacht und notiert. 32

12. Einheit: Die Kinder sollen Stimmungen in Bewegungen, Mienenspiel und farbige Zeichen umsetzen. 34

13. Einheit: Die Kinder lernen ein neues Lied kennen und setzen es entsprechend seinem Gehalt in Zeichen, Farben und Bewegungen um. 36

14. Einheit: Die Kinder erlernen in Vorbereitung auf ein Dynamisches Notenbild ein neues Lied. Sie spielen nach Handzeichen und führen das Dynamische Notenbild durch. 38

15. Einheit: Die Kinder malen ein vorbereitetes Dynamisches Notenbild. Sie hören Musik und tanzen darauf. 40

16. Einheit: Die Kinder lernen, zwischen den hohen und tiefen auch die mittleren Töne herauszuhören u. die mittlere Tonlage richtig einzuordnen. Sie führen eine farbige Notation für die 3 Tonlagen durch. 42

17. Einheit: Die Kinder spielen in 3 Tongruppen über dirigierende Zeichen und den Tonstufen eines Liedes entsprechend. Sie lernen ein neues Lied kennen und führen eine weitere Notation durch. Nebenbei: Rhythmische Einlage mit Raumorientierung: 44

18. Einheit: Die Kinder setzen auf die Handzeichen des „Dirigenten" ihre Instrumente an einem neuen Lied in den drei Tonlagen passend ein. Sie malen ein neues Dynamisches Notenbild. 46

19. Einheit: Die Kinder erlernen ein neues Lied. Sie bewegen sich rhythmisch im Raum (Katzenspiel) und führen ein Dynamisches Notenbild durch. 48

20. Einheit: Die Kinder hören mehrmals hintereinander die gleiche klassische Musik und setzen sie beim Zuhören auf großen Papierbögen an der Wand oder auf dem Boden in Farben und Bewegungen um. 50

21. Einheit: Die Kinder spielen in 3 Tongruppen über dirigierende Zeichen rhythmisch und den Tonstufen des Liedes entsprechend. Sie erlernen ein neues Lied und führen ein Dynamisches Notenbild durch. 52

22. Einheit: Die Kinder singen und spielen in passenden Tonlagen – sie hören eine Tierfabel als Klanggeschichte und setzen sie in einer Notation in Farben und Linien um, entsprechend staccato, legato, mittel, hoch, tief, laut und leise. 54

23. Einheit: Die Kinder erzeugen mit Zeitungspapier Geräusche. Diese werden mit weiteren Geräuschen kombiniert und über dirigierende Zeichen rhythmisch wiedergegeben. Ein Dynamisches Notenbild wird gemalt. 56

24. Einheit: Die Kinder hören Wortmelodien heraus mit betonten und unbetonten Silben. Sie erhören Wörter mit bestimmten Silbenanzahlen und ummalen entsprechende Bilder. Namen werden mit verschiedener Druckstärke entsprechend betonten und unbetonten Silben gemalt. 58

25. Einheit: Die Kinder singen und spielen. Sie bewegen sich rhythmisch im Raum. Ein Dynamisches Notenbild wird gemalt. 60

26. Einheit: Die Kinder vertonen eine Geschichte aus dem „Dschungelbuch" (v. R. Kipling) mit einfachen Instrumenten. Sie setzen die gleiche Geschichte in Farben und Linien um. 62

27. Einheit: Die Kinder spielen und reagieren auf die Zeichen „laut", „leise" und auf das „Echo". Sie führen eine Notation mit Wortmelodien durch, geben sie vokal wieder und machen Versuche mit Wortmelodien. 64

28. Einheit: Die Kinder malen eigene Geschichten in Linien und Farben. Sie erzählen sie und vertonen sie nebenher mit Instrumenten. Sie hören Indianermusik und begleiten diese rhythmisch. 66

29. Einheit: Die Kinder lernen ein neues Liedchen mit Leiermelodie und interpretieren es musikalisch. Sie führen ein „Zeichen-Geh-Spiel" durch (Ein- und Unterordnung) und malen ein weiteres Dynamisches Notenbild. 68

30. Einheit: Die Kinder setzen immer leiser werdende Geräusche in Bewegungen und farbige Linien um. Sie versuchen sich in „Spiegelspielen" mit Nachahmungen, Pantomimen und Kommentaren zu stummen Handlungen. 70

31. Einheit: Die Kinder interpretieren ein neues Lied beim Singen mit Instrumenten und Bewegungen. Sie malen ein Dynamisches Notenbild. 72

32. Einheit: Die Kinder hören das musikalische Märchen: „Peter und der Wolf" von Serge Prokofieff und agieren dazu. 74

33. Einheit: Die Kinder singen und spielen bekanntes Liedgut nach verschiedenen Einsatzmöglichkeiten. Sie ordnen sich rhythmisch Zeichen unter und malen ein Dynamisches Notenbild. 76

34. Einheit: Die Kinder erlernen (für eine spätere Notation) einen rhythmisch betonten Reim und spielen ihn. Sie führen eine Notation durch mit Linien relativer Länge und Druckstärke entsprechend langgezogener Rufe oder kurzer Ausrufe (lang-kurz; laut-leise). 78

35. Einheit: Die Kinder lernen ein neues Lied und geben dieses und andere bekannte Lieder rhythmisch wieder. Sie spielen „Verteilen im Raum" als Ein- und Unterordnung und malen ein Dynamisches Notenbild. 80

36. Einheit: Die Kinder hören Musik. Sie tanzen darauf und fügen inhaltsbezogene Bewegungen und musikalische Aktionen ein. Sie setzen ein Musikstück in Notationen um. 82

37. Einheit: Die Kinder lernen einen neuen Reim. Sie hören über geklatschte Rhythmen Lieder heraus und bestimmen die Melodien. Sie malen ein Dynamisches Notenbild. 84

38. Einheit: Die Kinder lernen ein neues Lied. Sie setzen die Instrumente gezielt ein und spielen „Nachrichtentrommeln". Sie malen ein Dynamisches Notenbild. 86

39. Einheit: Die Kinder erfinden Bewegungsarten, denen Geräusche in verbaler oder instrumentaler Form zugeordnet werden. Rhythmisch zugeordnete Bewegungsvollzüge werden in verschiedener Art wiedergegeben. Eine Notation wird durchgeführt. 88

40. Einheit: Die Kinder erlernen ein neues Lied. Sie machen Spiele mit rhythmischen Einsätzen (Nachrichtentrommeln, Wörtererfinden) und führen ein Dynamisches Notenbild durch. Sie hören zum Abschluß Schallplattenmusik. 90

41. Einheit: Die Kinder führen ein rhythmisches Frage- und Antwortspiel durch, auch mit neuen Wortkreationen. Sie malen ein Dynamisches Notenbild. 92

42. Einheit: Die Kinder hören Gospels und Spirituals oder überarbeitete, rhythmisch betonte Negergesänge. Ihrer Kreativität wird dabei großer Spielraum gegeben in Form von rhythmischem Einsatz, Bewegung, Notation usw. 94

43. Einheit: Die Kinder singen und begleiten sich mit ihren Instrumenten dazu. Sie teilen Lieder in einem Bewegungsspiel in Phrasen auf und laufen dabei Wegstrecken mit Zielpunkt innerhalb einer Phrasenlänge. Sie erfinden eigene Dynamische Bildgeschichten 96

Literaturhinweise 99

Einführung

Einige Gedanken zur rhythmisch-musikalischen Früherziehung:

Die rhythmisch-musikalische Früherziehung kann Kinder in einem besonderen Maße in ihrer Gesamtpersönlichkeit ansprechen und fördern: Die Kinder haben in diesem Bereich eine gute Möglichkeit, kreativ tätig zu sein und sich – vorwiegend in einem gruppendynamischen Prozeß – über Bewegungen und spontane bzw. gelenkte Ausdrucksformen zu äußern und zu lernen. Es gibt eine breite Palette von Möglichkeiten, ein Kind im elementaren musikalisch-rhythmischen Bereich anzusprechen:
Im Rahmen der Bewegungserziehung erlernen die Kinder ungebundene Formen der Körperbeherrschung (z. B. Koordination und Ablauf von Bewegungen) und gelenkte Formen der Ein- und Unterordnung (z. B. Versammlungsformen, Partner- und Gruppenspiel). Über vielfältige rhythmische Momente wird das Kind angeregt, Zusammenhänge zu erkennen; zu hören, zu sehen, Neues auszuprobieren und sich sprachlich auszudrücken.
Zusammen mit der Schulung im grob- und feinmotorischen Bereich lernt das Kind, Musik und alle möglichen Arten von Geräuschen und Tönen zu hören, zu unterscheiden und mit Bewegungen zu verbinden. Durch die rhythmische Verbindung von Tönen mit Farben und Formen, durch die bildnerische Gestaltung von Musikbeispielen, werden die visuellen Fähigkeiten gefördert.
Die hier vorliegenden Vorschläge zur rhythmisch-musikalischen Erziehung möchten besonders den Bereich der graphischen Notation betonen in Verbindung mit Hörerziehung, musikalischer Aktion, Tanz und betont rhythmischem Einsatz. Dabei wird das Kind über großmotorisch geführte Bewegungen zur Feinmotorik und zu vom Willen geleiteten Darstellungsarten geführt – jedoch ohne Leistungsdruck. Musik und Rhythmik, gerade auch mit emotionaler Betonung und Aktivierung der Phantasiekräfte, können zu einer Entspannung des Kindes (psychischer und motorischer Natur) beitragen. Dies geschieht unter anderem immer wieder über das Spiel, über Gespräche, Singen, Zeichnen, rhythmische Bewegungen, Malen, Tanzen usw. und durch die soziale Ein- und Unterordnung in die Gruppe bzw. durch die Einstellung auf den Partner. Hier können auch Aggressionen kanalisiert und schwache Antriebskräfte aktiviert werden. Über diese psychomotorischen Erfahrungen gewinnen die Kinder an Selbstwertgefühl. Nicht das Üben und die Erfüllung von Lernzielen ist ausschlaggebend, sondern die Tatsache, daß über spontane und gelenkte Aktionen die Bereiche der Sinnesschulung, Psychomotorik und Sozialerziehung im Kind ganzheitlich angesprochen werden.
Einen Weg zu dieser Möglichkeit möchten die folgenden Lerneinheiten bieten.

Zum Inhalt der Lerneinheiten/Unterrichtsvorschläge

Sie wollen das rhythmisch-musikalische Empfinden des Kindes fördern. Das Ziel soll aber nicht die abstrakte Notenschrift sein. Diese bleibt im allgemeinen der Schulzeit vorbehalten. Die spielerischen Übungen bleiben im Vorfeld der Notenschrift. Nur in diesem Vorfeld ist die Möglichkeit gegeben, malend, singend, spielend und „lesend“ mit dem ganzen Körper den Rhythmus elementar zu erfassen, der jedem Lied, jedem Reim und Wort innewohnt.
Zwei parallele Formen der graphischen Notation wechseln sich inhaltlich in den vorliegenden Lerneinheiten ab oder greifen ineinander über:

- Die „Dynamischen Notenbilder“ entstehen durch feinmotorisches Schwingen und rhythmisches „Mitschreiben“ in Sprechlänge oder Silbeneinheiten. Diese Bewegungen bestehen aus den Grundformen der Schreib- und Druckbuchstaben (Wellen, Schleifen, Arkaden, Girlanden, Spiralen usw.) und führen deshalb über die kleinmotorische Verfeinerung auf die zukünftige Schrift hin. Diese „Dynamischen Notenbilder“ sind auch für verkrampfte oder schulisch entmutigte Kinder und für Linkshänder gut geeignet.
- Die „graphischen Notationen“ stellen mehr die „empfundene“ Musik dar. Sie werden im Rahmen einer betonten Hörerziehung nach „laut“ und „leise“, Echo, nach den Tonlagen „hoch“, „mittel“ und „tief“ und nach Stimmungsmalerei in Farben (bes. schwarz – rot – gelb) in einfühlender Liniengebung und entsprechendem Farbdruck ausgeführt.

Das Kind wird in ganzheitlicher Weise mit wechselnden Schwerpunkten motiviert. Die Dynamischen Notenbilder und die weiteren Notationen werden so durchgeführt, daß dabei der Links-Rechts- und Oben-Unten-Ablauf bzw. die gesamte Raumaufteilung auf dem Papier beachtet werden. Deshalb sollten alle Notationen und Notenbilder vorbereitet werden durch Bewegungsspiele im ganzen Raum und durch Großmotorik. Bestimmten Linien, die immer mit einer Bedeutung gefüllt sind, werden bestimmte Farben zugeordnet; Zeichen stehen symbolisch für irgendwelche Gehalte (Tiere, Gegenstände, Bewegungen, Eigenschaften ...). Die Kinder lernen, Melodien mit dem ganzen Körper nach Inhalt oder Melodieverlauf oder beidem zusammen zu interpretieren. Eine weitere Interpretation geschieht durch die einfachen Instrumente, mit denen sich die Kinder rhythmisch betont selbst begleiten oder Musik von Schallplatten und Tonband untermalen.

Besonders im Rahmen der gleichzeitig verlaufenden betonten Hörerziehung werden tiefe, mittlere und hohe Töne unterschieden. Sie werden durch Körperhaltung und durch Instrumente wiedergegeben und durch die Farben schwarz, rot und gelb kenntlich gemacht. Musik wird außer in diesen 3 Tonlagen auch nach Charakter dargestellt: Im langgezogenen Legato und gehackten Staccato, dazu in der Unterscheidung von laut und leise bzw. Echo. Stimmungen werden entsprechend durch Linienführung und Druckstärke, auch farblich, verdeutlicht.

Motivationen zum Thema und die Themen selbst bieten die Möglichkeit zu Gesprächen. Die Phantasie wird dabei angeregt, Fragen werden beantwortet und die Kinder können aus ihrem persönlichen Erlebniskreis schöpfen. Dies ergibt eine günstige Möglichkeit, die Gesprächsform zu kultivieren: Abzuwarten, bis der andere mit dem Erzählen fertig ist, sich in das Thema einzuordnen, auch die Wünsche der anderen anzuerkennen, durch das Aufteilen im Raum und durch gemeinsame Spielaktionen sich sozial einzuordnen und dergl. mehr. Der Rhythmus wird beim Singen, Spielen und bei den Dynamischen Notenbildern besonders hervorgehoben. Zu jedem fertigen Notenbild, bei dem das Singen und Sprechen mit der Bewegung koordiniert wird, kann gemalt werden (z. B. die Edelsteine, die Zwerge, das Gewitter, der Wolf mit der Schlange, die Schildkröte usw.). Das Spiel auf den Instrumenten soll nicht auf die vorhandenen beschränkt bleiben – vielmehr wird die ganze Umwelt auf ihre Tonqualitäten hin abgehorcht: Steine, Türen, Klötze, Dosen, Scheiben, Bälle, Reifen, Gummis usw. Diese Gedanken führen gleich zur nächsten Frage:

Welche Instrumente und welche weiteren Materialien brauchen wir?

Wir brauchen nicht viel! Die nachfolgenden Vorschläge und Lerneinheiten ziehen keine Folgekosten nach sich und benötigen kein teures Zusatzmaterial. Vorhandene Instrumente können eingesetzt werden, wie sie in jedem Kindergarten und in Vor- und Grundschulen zu finden sind. *Unverbindliche Ausstattungsvorschläge:*

Schellen, Glöckchen, Triangeln, Tamburin, Schellentamburin, Klangstäbe und Klanghölzer, Fingercymbeln, verschiedene Trommeln, Becken, Xylophon und Glockenspiel (letztere nur als Klangerzeuger im Rahmen der Stundenbilder; nicht, um Melodien zu spielen). Ein Teil davon genügt, bes. die schräg gesetzten Instrumente.

Im Rahmen der Hörerziehung erweist es sich als günstig, Instrumente selbst herzustellen, z. B.:
Kleine Kieselsteine in Kabadosen o. ä.; größere, rumpelnde Steine in größeren Plastikdosen; Nägelchen im Glas; dicke Schrauben und Haken in einem größeren Glas. Harte Reiskörner in Blechdosen (klingt wie Regen ...), ungekochte Nudeln oder Erbsen o. ä. in Blech-, Plastik- oder Pappegefäßen; Metallgriffe von Kochtöpfen; Metallöffel, Topfdeckel, gespannte Gummis, Reibeisen und Stricknadeln – ganz nach Phantasie.

Die Umwelt wird zum Instrument: Z. B.:
Klopfen an Türen, Wänden, Fensterscheiben (was klingt am tiefsten? ...) Stampfen und Trommeln auf dem Boden, den Stühlen und Tischen ... Die Preßplatte am Kasperletheater klingt anders als das Zusammenschlagen von Spielklötzen. Eine Türe knallt, ein Auto hupt oder fährt vorbei, Stoff wird aneinandergerieben; Teller und Tassen klappern; ein Ball hüpft durch den Raum, Holzreifen kreiseln ... Jeder findet hier etwas.

Ergänzungsmaterial: Allgemeine Liederbücher; Schallplatten, wie sie vorgeschlagen werden oder ausgewählt nach ähnlichen Kriterien aus eigenen Beständen. Linienlose DIN-A-4-Malhefte und Wachsmalstifte, weil man mit Wachs am besten die Druckstärke regulieren kann. (Z. B. beim Echo, leiser werden u. ä.)

Wir haben es vorwiegend mit Vorschulkindern, u. U. mit gehemmten, besonders zurückhaltenden Kindern zu tun. Deshalb verwenden wir noch keine Flöten, Melodicas oder andere Melodieinstrumente. Genau vorgeschriebene Notenfolgen und diffizile Griffe am Instrument würden ihre spontanen Reaktionen, ihre Freude am Schöpferischen und ihr Gefühl für das Rhythmische binden. Verfrühtes Üben und Trainieren kann leicht Unlust erzeugen, dazu aber sind Musik und Rhythmik zu schade. Die Kinder können mit den angebotenen Instrumenten nun schütteln, klingeln, schlagen, klopfen ... je nach Materialbeschaffenheit laut oder leise, hoch oder tief, dumpf oder hell, gebunden und nachklingend oder gehackt, staccato.

Die Kinder entdecken durch das Spiel den Zusammenhang zwischen Material (Pappe, Plastik, Metall, Holz, Glas ...) und der Füllung (Nägel, große oder kleine Steine, Sand, Naturalien wie Reis, Erbsen o. ä.) oder dem dagegenschlagenden Gegenstand (Kochlöffel aus Holz oder Plastik; Stricknadeln, Farbstifte, Stäbe, Stöckchen usw.). Entsprechend setzen sie ihre „Instrumente" einschließlich der „richtigen" wie die aus dem Orff'schen Instrumentarium beim Sprechen und Singen rhythmisch ein, und sei es auch nur, daß zwischendurch fürchterlicher Lärm entsteht. („Spielt mal alle so laut, wie ihr nur könnt!" ... alle Kinder machen das mit Begeisterung.)

Dieser elementare Instrumenteneinsatz bleibt also im Vorfeld des verfeinerten Instrumentenspiels, wie die graphischen Notationen und Dynamischen Notenbilder im Vorfeld der reinen Notenschrift bleiben.

So können die Kinder auch ungehindert und spontan die passenden Geräusche erzeugen, wenn ein Märchen „vertont" wird, ein Gewitter oder ein Hausbrand oder die Figuren einer Tierfabel mit Instrumenten dargestellt werden.

Einige Bemerkungen zum Stellenwert der folgenden Lerneinheiten

Bei den ausgeführten Stundenbildern handelt es sich um Vorschläge, die vom Erzieher je nach seiner Vorstellung und Phantasie (bes. bei den Motivationen) abgewandelt, oder die Ausgangspunkte weiterer Aktionen werden können. Wenn die Kinder erst einmal im Umgang mit den Instrumenten, Farben und Linien vertraut sind, können ihre Anregungen auch von den Gruppen und dem Erzieher aufgenommen werden: Eigene „Noten"- und Tongeschichten, Erzählungen, Spiele usw., die vom Singen und Sprechen, vom Malen oder von Bewegungen begleitet werden.

Deshalb geben die Lerneinheiten lediglich Anregungen – inhaltlich erschöpfend können und wollen sie nicht sein.

Die Stundenbilder haben exemplarischen Charakter.

Das gleiche trifft auf die Liedauswahl zu. Hier wird konservatives Liedgut verwendet – jeder kann vorhandenes Material einsetzen; er kann aber auch Scherzverse, Verdrehungen, Schlager usw. bis zu antiautoritär geprägtem Liedgut benützen.

Da Rhythmik, Bewegungen, Malen der Dynamischen Noten und Singen bzw. Sprechen stark beanspruchen, sollten besonders anfangs nur bekannte oder kurze, leicht einprägsame Lieder, Reime oder Texte verwendet werden. Nicht alle Melodien eignen sich zur Ausarbeitung in vorliegender Form. Die Lerneinheiten sind ein konkretes Angebot, bei dem der Schwerpunkt nicht auf dem Lied oder Reim liegt, sondern auf der graphischen Notation und dem Dynamischen Notenbild, das sich neben Bewegungserziehung, Sprechen usw. aus dem Lied gewinnen läßt.

Es muß deutlich festgestellt werden, daß neben der gezielten rhythmisch-musikalischen Erziehung jederzeit auch andere, schwierigere, z. B. jahreszeitlich bestimmte Lieder gesungen werden können.

Es geht bei den ausgearbeiteten Vorschlägen also nicht um das Erlernen möglichst vieler Lieder, sondern um das elementare Erfassen des Liedes, des Reimes, der Musik an sich.

Wie bereits erwähnt, ist kein Zusatzmaterial vorgeschrieben. Wenn Schallplatten erwähnt werden (Vivaldi: „Die 4 Jahreszeiten"; „Boliviano soy"; Kinderlieder auf Fidula Fon-Platten; Spirituals usw.), so handelt es sich um Vorschläge, die in der Praxis erprobt wurden und sich als gut geeignet erwiesen.

In die Stundenbilder wurden viele Anregungen von Kindern aufgenommen. Im Verlaufe von 5 Jahren wurden die Vorschläge und Ideen mit etwa 350 Vorschulkindern zwischen etwa 5 und 7 Jahren entwickelt und durchgeführt.

Jede gebotene Einheit umfaßt etwa 30 Minuten – manchmal weniger, manchmal auch etwas mehr; besonders, wenn eine Motivation mit Sprechanlaß verstärkt eingesetzt wird, wenn Bewegungsspiele länger ausgeführt oder Schallplatten angehört werden. Eine Einheit pro Woche genügt, es sei denn, die Kinder verlangen nach mehr. Rhythmik und Musik wird ja ohnedies auch an anderen Tagen im Kindergarten, in Vorschulen und dergleichen durchgeführt in Form von Spielen, Singen, Reigen, Turnen usw. Der Schwerpunkt der ausgeführten Einheiten soll ja in der graphischen Notation, in den Dynamischen Notenbildern liegen, die für das Kind eine neue Erfahrung bedeuten und Musik in Farben und Linien sichtbar werden läßt.

Wer mit altersgemischten Gruppen arbeitet, kann eine Binnendifferenzierung für die Kleineren (ca. 4jährigen) betreiben, indem die Kleinen sich an einfachen musikalischen Aktionen beteiligen, am Tanz und an der gesamten Bewegungserziehung; bis auf Ausnahmen kann aber die feinmotorische Arbeit weggelassen werden – dafür malen diese Kinder dann die Motive groß aus. – Die exemplarischen Hinweise bedeuten auch, daß erlerntes und durch graphische Notation festgelegtes Liedgut wiederholt werden kann und soll, auch wenn es in den nachfolgenden Stundenbildern nicht mehr gesondert erwähnt wird. Das gleiche gilt für Spiele wie: „Verteilt euch alle im Raum . . ." oder: „Stumme Zeichen- Kinderaktion" . . . oder „Bestimmten Signalen werden bestimmte Handlungen zugeordnet" . . . usw.

Die Lerneinheiten bauen aufeinander auf, besonders im ersten Drittel. Wenn gewisse Kenntnisse (z. B.: 3 Tonlagen in 3 verschiedenen Farben auszudrücken . . .) vorhanden sind, können die Stundenbilder auch ausgetauscht werden – z. B. der Jahreszeit entsprechend; oder nach einem besonderen Anlaß (Schildkröte oder Igel-Begegnung usw.).

Ein abschließendes Wort zur Entwicklung der Dynamischen Notenbilder:

1. Mit den Instrumenten werden die Lieder und Reime rhythmisch dargelegt oder vom Gehalt her interpretiert (Melodieverlauf, Hoch-Tief-Kontraste, Echo usw.). Der Körper geht in großen Bewegungen dem Melodieverlauf nach oder interpretiert mit passenden Bewegungen den Inhalt. Erzählungen werden durch passende Bewegungen unterstrichen.
2. Die für das Dynamische Notenbild zutreffende Linienführung wird gemeinsam freischwingend und großmotorisch während des Sprechens oder Singens in die Luft gemalt.
3. Um den Kindern eine Vorstellung von dem „gemalten" Notenbild zu verschaffen, zeigt der Erzieher ein fertiges Bild im Buch. Er geht die Linien mit dem Finger ab, die Kinder singen oder sprechen (in silbenweiser Zuordnung) dazu. An diesem Bild kann auch die Raumaufteilung, die passende Farbe und die Links-Rechts- bzw. Oben-Unten-Orientierung besprochen werden.
4 Die Kinder erhalten die passenden Wachsmalstifte, die hierfür besonders geeignet sind, und ihre Notenmalhefte; am besten im DIN-A-4-Format.
5. Der Erzieher entwickelt zeilenweise das Bild an der Tafel. Er koordiniert dabei seine Bewegung mit dem Sprechen der Kinder; d. h., er malt, was die Kinder gemeinsam rhythmisch betont sprechen oder singen.
6. Die Kinder malen zeilenweise in ihrem Heft. Es handelt sich um eine gemeinsame Aktion, in der die Kinder sich auf ihr Notenmalheft einstellen. Jedes kann für sich sprechen und rhythmisch mitmalen, oder alle sprechen im Chor gemeinsam und malen koordiniert mit. In der Praxis erwies sich dieses Verfahren als günstiger.
   Sie dürfen die Vorlage hierbei nicht sehen, um unrhythmisches Kopieren mit reinem Abmalen und Abzählen der Linien zu vermeiden. Erfahrungsgemäß malen die Kinder „ihr" Bild, ohne sich um das Bild an der Demonstrationsfläche (Tafel, großes Papier o. ä.) zu kümmern. Andernfalls kann das vom Erzieher gemalte Bild jeweils wieder ausgewischt werden oder die Sitzordnung entsprechend gestaltet werden – später ist es oft gar nicht mehr nötig, den Kindern die Zeilen genau vorzumalen, da sie um Zeilenverlauf und Schriftelemente einschließlich der sprachlichen Zuordnung bereits Bescheid wissen, wenn das Bild großmotorisch vorbereitet wurde. Singen und rhythmisches Malen und Schwingen in Silbeneinheiten verlaufen gleichzeitig, um den engen Zusammenhang zwischen Wort und Linie erleben zu lassen.
7. Zum Schluß wird das Dynamische Notenbild, das auch ein Sprechanlaß ist, um ein dem Motiv entsprechendes Bild bereichert. So wird nach und nach das Heft zum Bilderbuch, aus dem heraus die Kinder absingen, abspielen und erzählen können – auch, indem sie bisweilen ihre „Partituren" austauschen.

Eine Bitte an alle Erzieher:

Jede Drillmaßnahme ist bei diesen Übungen abzulehnen. Es ist erfreulich, wenn die Anzahl der Girlanden z. B. mit der Anzahl der Silben übereinstimmt, aber machen Sie bitte kein „Muß" daraus. Sind es zuwenig Linien, dann lassen wir das Kind vorsprechen und mit dem Finger die Bögen abfahren – es merkt dann, daß etwas fehlt und wird den Rest ergänzen. Sind es aber zu viele Linien, dann wird weder ausgestrichen noch radiert – vielleicht geht man z. B. den Text ab und stellt fest, daß da mehr Zeichen stehen, als man zum Sprechen hat ... wir erfinden scherzhaft passende Silben dazu; etwa ein „hopp-la", oder das letzte Wort wird wiederholt, oder: Ein Ausruf ... Das Kind wird beim nächsten Mal die Geschichte aufmerksamer verfolgen. Besonders beim sehr jungen oder entmutigten Kind sollte jede vorhandene Leistung großzügig, ohne „Kleinkrämerei" gewürdigt werden.
Für unsere Kleinen sollten diese Notationen mit all der Musik und den Geschichten ein Spaß sein mit viel Raum für Spontaneität – keine Pflichtübung!
Hinzu kommen die graphischen Notationen mit ihren bunten Farbflecken, die alle etwas bedeuten – welches Kind wäre da nicht am Ende stolz auf sein buntes Notenmalheft mit all den Geschichten in Farben und Linien, die man spielen, singen, bewegen und erzählen kann!

1. Einheit: Die Kinder erkennen, daß mit verschiedenem Material verschiedene Klangfärbungen erreicht werden können. Sie lernen, auf Handzeichen zu reagieren und zu spielen.

1. Die Kinder erkennen durch „provozierendes Vorspielen“ die verschiedenen Materialeigenschaften von Gegenständen.

Methodisch-didaktische Hinweise:
Wir beginnen am besten mit einem Impuls: möglicher Anstoß: „Manche Dinge kann man erkennen, ohne daß man hinschaut!“ ... Material und entsprechende Klangfärbungen sollen einander zugeordnet werden.

- Die Gegenstände werden benannt und ihr Material bestimmt.
- Der Erzieher führt verschiedene Geräusche vor, die Kinder „erraten“, was benützt beziehungsweise aneinandergeschlagen wurde.
- Die Kinder erzeugen jedes nacheinander Geräusche nach eigener Wahl, die anderen hören und benennen (dabei: Umdrehen oder Augen schließen). Sie erfahren also durch das „Selbermachen“, daß die Gegenstände beim Schütteln, Klappern, Schlagen und Reiben jeweils typische Geräusche erzeugen, je nachdem, welches Material benützt wurde. Sie können auch heraushören, ob es sich um große Plastikdosen oder um offene Joghurtbecher handelt, um Einmachgläser oder Kochtöpfe. Ebenso sprechen sie über die Füllung der „Instrumente“.

Material:
Plastik- und Blechdosen werden mit Steinchen, Reis, Erbsen, Sand und Nägeln gefüllt; mit Holz- und Plastikkochlöffeln wird „gerührt“ oder gegeneinandergeschlagen, ebenso mit schweren Eisenlöffeln. Dazu kommen Gläser mit feinen Nägelchen oder andere mit großen Schrauben: Stoff wird aneinandergerieben, mit Papier geraschelt ...

2. Die Kinder erzeugen je nach Materialbeschaffenheit der „Instrumente“ laute und leise Geräusche. Die Begriffe „laut“ und „leise“ werden bewußt gemacht.

Methodisch-didaktische Hinweise:

- Der Erzieher erzeugt – als stillen Impuls – wechselnd in provozierender Form laute und leise Geräusche.
  Die Kinder erkennen nun beispielsweise, daß kleine Nägel im Glas hell und leise klirren, die dicken Steine in größeren Plastikdosen dagegen laut rumpeln. Eisenlöffel können laut oder leise geschlagen werden; Topfdeckel knallen laut, Stoffe aneinandergerieben rascheln leise ... Es gibt viele Möglichkeiten.
- Die Kinder spielen sich nacheinander etwas laut oder leise vor, die anderen hören zu und benennen.

Vorschläge für die Handzeichen:
„los“: Die Hände im Aufschwung bis in Brusthöhe heben; Handflächen geöffnet.
„laut“: Arme weit vorstrekken, Hände auf.
„leise“: Hände vor den Mund führen.
„stop“: Energische Abwärtsbewegung der Arme im Halbbogen nach links und rechts.

3. Die Kinder lernen, auf Handzeichen für: „los“, „laut“, „leise“ und „stop“ zu reagieren.

Methodisch-didaktische Hinweise:

- Die Kinder suchen sich je eines der oben genannten Instrumente aus. Impuls des Erziehers: „Hände können auch sprechen!“
- Der Erzieher und im Wechsel auch Kinder führen die Handzeichen vor, die anderen spielen entsprechend.

Anwendung im Lied: „Ist ein Mann in ’n Brunnen gfallen ...“ Der Körper steigt und sinkt mit der Melodie.

Bemerkung:
„Spielt alle ganz laut!“ ... „und nun sehr leise ...“ – „und wer schafft es am aller lautesten?“ Auch Trampeln und Stampfen gehören dazu. Die Kinder setzen die „Instrumente“ rhythmisch ein.

2. Einheit: Die Kinder festigen ihre Kenntnisse im Erzeugen verschiedener Klangfärbungen durch verschiedenes Material. Zu „laut" und „leise" kommen „hohe" und „tiefe" Töne. Sie lernen, rhythmisch mitzuspielen und zu singen.

1. Die Kinder erzeugen mit dem Material der ersten Stunde laute und leise Töne

Methodisch-didaktische Hinweise:
Alle „Primitivinstrumente" werden auf dem Tisch verteilt. Jedes Kind greift sich ein Instrument nach Wunsch.

- „Alle spielen mal ganz laut!" Die Kinder werden zu der Feststellung hingelenkt, daß das mit einigen Instrumenten, den „lauten" gut geht, mit anderen weniger; das sind die „leisen" oder „nicht so lauten."
- „Nun versuchen wir alle Instrumente, mit denen man besonders gut „leise" spielen kann . . ."
- „Alle mit „lauten" Instrumenten setzen sich in eine Gruppe, alle mit „leisen" in eine zweite Gruppe. Wir spielen mit wechselndem Spiel- und Gruppeneinsatz, durch Handzeichen dirigiert. Die Kinder spielen also in zwei getrennten Gruppen – *nur* laut oder *nur* leise. (Dazu, wie schon in der ersten Stunde, Wortschatzbereicherung beim Geräuschebeschreiben: Es rumpelt tief, klirrt hell, schlägt, raschelt, dröhnt . . .)

Material:
Besonders oben genannte Instrumente, die Kontraste darstellen: etwa je ein Glas mit feinen Nägelchen und großen Schrauben . . .; je eine Plastikdose mit dicken Steinen und Kieselsteinchen, zwei Topfdeckel, alte Metallhenkel mit Stricknadeln oder Metallöffeln (als Triangel), eine Blechdose mit Reiskörnern, Spielzeugglöckchen, Stoff, Holzbehälter mit Kochlöffeln . . .

2. Die Kinder erzeugen mit dem oben genannten Material „hohe" und „tiefe" Töne.

Methodisch-didaktische Hinweise:

- Die Kinder ahmen Tierstimmen nach: *Tiefe, dunkle Brummtöne* (zum Beispiel: wie der Bär) und *hohe, helle Töne* (wie Vögel . . .).
- „Mit welchen Instrumenten hönnte man Vögel spielen?" Suche nach hellklingenden Instrumenten. Und nun suchen wir tiefe, dunkle Töne. Tierstimmen werden anschließend in bestimmte Töne, Geräusche umgesetzt.
- Die Kinder spielen nach *Handzeichen* hoch/hell (hoch – Arme hochgereckt) oder tief/dunkel (tief – Hände deutlich gesenkt, abdämpfend) – dazu laut und leise einschließlich „los"; „stop".
- Die Kinder klopfen im Raum Möbel, Wände, Fenster, Bänke und weitere Gegenstände ab und bestimmen, ob es hoch oder tief klingt. „Wer findet den tiefsten Ton heraus, . . . den höchsten?"

3. Die Kinder singen und spielen rhythmisch zu einem bekannten Lied.

Methodisch-didaktische Hinweise:

- Lied: „Ist ein Mann in'n Brunnen g'fallen" mit Instrumenten und Gesamtkörpereinsatz (Aufsteigen und Abfallen des Körpers mit Melodieverlauf). Die Kinder reagieren auf Handzeichen, setzen sie in Töne um und beziehen die rhythmischen Bewegungen mit ein. Es soll auf dieser Stufe nur bekanntes Liedgut verwandt werden: z. B. auch „Hänschen klein, . . ."

3. Einheit: Die Kinder spielen und sprechen nach Handzeichen und passendem Textgehalt von leise bis laut. Sie setzen Gesprochenes in rhythmische Schwingungen und in eine graphische Notation um.

1. Die Kinder spielen in Anpassung an einen vorgegebenen Textgehalt von „leise" in Steigerung bis „ganz laut".

Methodisch-didaktische Hinweise:

- Der Erzieher erzählt, wie ein Gewitter langsam heranzieht; wie es zu tröpfeln beginnt ... dann wird es lauter – es regnet – es hagelt, es donnert und blitzt – und dann wird es ganz still.
  Während der Erzählung deutet er die Geräusche und den Blitz mit entsprechendem Fingertrommeln usw. (immer lauter) an.
  Die Kinder sollen durch die Vorführung und Erzählung zum Nachahmen angeregt werden. Dieser Einstieg löst bei den Kindern meist freies Erzählen über Gewittererlebnisse aus. Die Phase ist mit zu berücksichtigen.
- Alle Kinder spielen das Gewitter:
  „Es tröpfelt, es tröpfelt ..."

  „Es regnet, es regnet ..."
  „Es hagelt, es hagelt ..."
  „Dann kommt ein Blitz! Zick! Zack! ..."
  „... und dann donnert es!"
  (o. ä., Text wie bekannt).

Durchführung:
Die Fingerspitzen klopfen leicht auf den Tisch – sie trommeln stärker – lauter – mit den Knöcheln. Mit schwungvoller Armbewegung als Blitz durch die Luft; Heftiges Trommeln mit den Fäusten auf den Tisch und Trampeln auf den Boden.

- Die Kinder wählen sich ihr Instrument aus. Sie sprechen obigen Text und steigern die Stimme beim Sprechen immer mehr, vom Flüstern bis zum Schreien. Gleichzeitig steigern sie den Ton der Instrumente entsprechend den Handzeichen.
- **Variation:** *Im Zoo:* Die Tiere schlafen, sind leise. Sie wachen auf, werden unruhig, bekommen Hunger, machen Lärm, brüllen. – Hier können die Kinder mit den Instrumenten und der Stimme von ganz leise bis sehr laut steigern und gleichzeitig ein ganz bestimmtes Tier nachahmen.

Instrumente:
Die Rasselbüchsen, Deckel usw., wie sie in der 1. und 2. Stunde verwendet wurden.

2. Die Kinder ordnen große rhythmische Bewegungen und Sprechtexte einander zu als Vorübung zur Notation:

- Der Erzieher „stellt sich vor": In rhythmisch betontem Sprechtext sagt er etwa: „Ich heis-se Hel-ga". Dabei schwingt er großtaktisch (aus der Schulter) in betontem Silbenrhythmus in der Luft mit dem Arm mit.
- Jedes Kind stellt sich nun mit seinem Namen vor: Vor- und Zuname, evtl. auch die Adresse. Die Kinder spüren die unmittelbare Zuordnung von rhythmischem Sprechen und entsprechenden Schwingungen, die durch die großtaktische Bewegung durch den ganzen Körper geht. Unsicheren Kindern hilft man, indem man ihren Arm kräftig führt.

Bemerkung:
Das Gewitterspiel und „Lautsein-dürfen" macht erfahrungsgemäß besonderen Eindruck auf die Kinder. Das Austoben tut ihnen gut ...

3. Notation des Gesprochenen: Die Kinder setzen die Schwingungen in farbige Zeichen um:

Material:
Ein DIN-A-4 Malheft und leuchtende Wachsfarben.

Text und Hinweise zur Durchführung: s. rechte Seite.

Methodisch-didaktische Hinweise zur Notation:

Die Zeichen und Texte im Bild oben sind natürlich nur Vorschläge, um das Prinzip zu erklären. Jedes Kind verwendet seinen eigenen Namen – wer mag, seine Adresse dazu, oder sein Alter ...

– Die Kinder wählen ihre Lieblingsfarbe aus. Begleitet vom rhythmischen Sprechen (ich heis-se ...) fahren sie in Strichen, Zacken oder Schwüngen mit dem Zeigefinger über die erste Heftseite. Über groß- und mittelmotorische Bewegungen werden sie zur Feinmotorik mit dem Stift in der Hand geleitet (evtl. noch Pfötchengriff). *Alle Schwungübungen mit dem rechten und linken Arm durchführen lassen!*

– *Das gleiche nun mit dem Stift:* Jedes Kind sollte beachtet werden – eventuell seine Hand führen! Es soll seinen Namen durch entsprechendes Zeigen an den Linien und durch Mitsprechen wieder „ablesen" können. Fehlen Linien, werden sie ergänzt. Sind es zu viele, überlegen wir, was das noch heißen könnte (Wohnort? Straße? ...)

Hinweis: Bitte daraus keine gezwungene Übung machen! Wenn wir anfangs vorschlagen: „Wir ‚schreiben' nun unseren Namen in die Hefte ...", sind viele Kinder erst zurückhaltend. Um so stolzer sind sie nachher über ihre „Schrift", die sie sogar durch Abfahren mit dem Finger „lesen" können.

4. Einheit: Die Kinder führen durch: Instrumental- und Vokalmusik mit Betonung von „laut“ und „leise“ im an- und abschwellenden Ton. Eine Notation, als Dynamisches Notenbild, wird mit vorgegebenen Farben und einfachen Schriftelementen gemalt.

1. Die Kinder singen und spielen nach mündlichen Anweisungen und nach Handzeichen.

Methodisch-didaktische Hinweise:

- Der Erzieher zeigt zur Wiederholung die Handzeichen für „los“, „laut“, „leise“ und „stop“. Die Kinder vertiefen damit ihr Verständnis für die Symbolsprache.
- **Anweisung:** „Wir flüstern ganz leise . . .“ Alle Kinder flüstern vor sich hin und deuten dabei mit den Fingern die Leisebewegung vor den Lippen an. (Sie sprechen frei Erfundenes oder einen bestimmten Reim, oder den Namen . . .) Sie koordinieren damit symbolische Bewegungen mit dem leisen Ton. Ebenso bei der nächsten:
- **Anweisung:** „Wir schreien!“ Alles reckt die Hände vor und brüllt, so laut es geht.
- *Wir machen „Rhabarbermusik:“* (– viele Leute reden durcheinander.) Der Erzieher zeigt mit den Händen die Lautstärke an: Leise – lauter – noch lauter – ganz laut – nun wieder leiser – und so weiter. Die Kinder flüstern, sprechen, schreien entsprechend irgend etwas. Die Kinder fügen und fühlen sich in die Tonlage und Ausdrucksweise der ganzen Gruppe ein.
- *Mit den selbstgefertigten Instrumenten* wird ebenfalls nach Zeichen gespielt und dazu geflüstert, gesprochen und geschrien. Hier müssen sich die Kinder schon konzentrieren: Die Lautstärke der Instrumente und der Stimme, dazu der Textgehalt und die Handzeichen sollten insgesamt aufeinander abgestimmt sein.

Material:
Die selbstzusammengestellten Instrumente. Sie können mit vorhandenen Schellen, einem Tamburin und Klanghölzern ergänzt werden. Letzgenannte Instrumente sind leicht zu handhaben.

- Wir beenden die musikalische Aktion mit dem Liedchen bzw. dem Text: „Es regnet, es . . .“ Die Instrumente müssen nun sinnvoll eingesetzt werden, damit man hört, wie es tröpfelt, hagelt usw. Bei dem: „Dann kommt ein Blitz“, legen alle rasch die Instrumente nieder, malen den Blitz in die Luft, greifen die Instrumente wieder und „donnern“ damit und mit den Füßen recht laut. Auf das „Stop“-Zeichen hin muß aber absolute Ruhe eintreten.

2. Notation: Die Kinder entwickeln ein Dynamisches Notenbild:

Methodisch-didaktische Hinweise:

- **Motivation:** Man erzählt eine Geschichte, die sich durch dieses ganze Dynamische Notenbild zieht. **Vorschlag:** 2 zänkische Riesen, die sich gegenseitig immer übertreffen wollen: Wenn einer einen Stein zeigt (schwarz: Eine Kohle, oder Obsidian o. ä.), packt der andere einen roten Edelstein aus (Rubin . . .). (Geben Sie den Steinen ruhig richtige Namen. Das klingt für die Kinder interessant). Dann zerbröseln die Riesen ihre Steine – wer ist stärker . . . Der eine zeigt seine Zündschnur, der andere hat daraufhin etwas viel größeres . . . die Kiste . . . usw.

Material:
Jedes Kind erhält sein Notenmalheft, dazu gelbe, rote und schwarze Farbe.
Nähere Ausführungen zur Notation, d. h. zum Dynamischen Notenbild: s. rechte Seite.

Bermerkung:
Schildern Sie recht plastisch!

Methodisch-didaktische Hinweise zur Durchführung:

Das Dynamische Notenbild wird Zeile für Zeile entwickelt und dabei in jeder Phase *großmotorisch* durch Schwingen in der Luft vorbereitet. Es wird der passende Text dazu gesprochen – entweder in silbenweiser Zuordnung, oder die Bewegung verläuft in der Länge des Sprechens.
Die großmotorischen Übungen mit beiden Armen durchführen lassen!
Dann: Mit dem Finger im Heft. . . . *dann:* Feinmotorisch mit dem Stift.
Um den Kindern die Möglichkeit einer richtigen Raumaufteilung und passender Größenverhältnisse zu geben (links oben anfangen!), wird zuerst ein fertiges Bild geboten und daran die Geschichte nochmals erzählt. Dann jedoch sollen die Kinder beim Malen von sich aus – ohne Vorlage – den richtigen Rhythmus finden.

Farben: *Schwarz* für Stein, Sand, Schnur und Schachtel; *rot* für Edelstein, Sand und Himbeerpudding; *gelb* zum Ausfüllen.

Schriftelemente: Kreise, Punkte, Linien.

Anweisungen zur Notation: zu 1): Die Linien werden so lange gezogen und zum Kreis geschlossen, bis das Sätzchen gesprochen ist. Zu 2) wie bei 1). Zu 3) und 4): Auf jede Silbe ein Punkt. Zu 5): Linie in der Länge des Sprechens ziehen. Zu 6) Ei-ne Schach-tel: 4 Silben – 4 Schachtelseiten. Zu 7) Pud-ding – 2 Silben. Sie ergeben die ersten zwei roten Striche. Hmmmm – langgezogene Linie.

5. Einheit: Die Kinder setzen tiefe und hohe Töne in einer Notation in Farben um.

1. Die Kinder unterscheiden mit den Instrumenten „tief“ und „hoch“.

Methodisch-didaktische Hinweise:

- *Alle* erhalten nach Wahl ein Instrument und spielen nach Handzeichen das Kinderlied: „Hänschen klein, ging allein . . .“ oder ein ähnliches. Rhythmische Betonung durch kräftig pointiertes Singen und rhythmische Schüttelbewegungen sollen dabei in Einklang gebracht werden. Der Erzieher macht am Anfang am besten mit.
- Der Erzieher legt in stummem Impuls einige tief und hochklingende Instrumente, nachdem er sie geschüttelt hat, nach links (tief) und rechts (hoch).
- Die Kinder, die von vorher noch alle ein Instrument haben, machen selbständig weiter, bis jedes sein Instrument an den passenden Platz nach „hoch“ oder „tief“ gelegt hat.
- Manche Instrumente sind nicht eindeutig tief oder hoch. Sie werden aussortiert und durch eindeutige ersetzt, z. B. mit Instrumenten aus dem Orff'schen Instrumentarium.

Material:
Die selbstgebastelten Instrumente.

Die Instrumente werden durch Triangeln, Schellen, Tamburin, evtl. auch Handtrommel u. ä. ergänzt.

2. Die Kinder ordnen die Tonlage bestimmter Instrumente entsprechenden Tiergeräuschen zu:

Methodisch-didaktische Hinweise:

- **Anweisungsspiele:** Mit welchen Instrumenten könnte man Vögel zwitschern lassen? Mit welchen eine Kuh muhen, einen Löwen brüllen lassen? Katzen? Schlangen? – Nur eindeutig hohe oder tiefe Stimmen sollen gewählt werden.
  Es gibt Diskussionsmöglichkeiten: Tief ruffelnde oder hoch quiekende Schweine; hoch kläffende und tief bellende Hunde usw.
- **Partnerspiel:** in 2 Gruppen: Alle hohen, hellen Stimmen kommen auf die eine Seite, alle tiefen auf die andere. Nun haben wir 2 Gruppen.
- **Motivation:** Erzählung, ganz nach Phantasie, etwa im Sinne von Tierfabeln, von einem Streit auf der Wiese zwischen Vögeln und Kühen (Schlangen und Löwen . . .), wer die schönere Stimme hat oder wer wichtiger ist oder . . . Je nachdem, von welchen Tieren die Rede ist, spielt die Gruppe mit den hohen *oder* tiefen Instrumenten und alle pfeifen, knurren, muhen, bellen, brüllen . . . dazu.
- **Variante:** *Bildung von 3 Gruppen:* Die 3. Gruppe hat keine Instrumente. Hier nennt jeder nacheinander ein Tier und die entsprechende Tongruppe spielt hoch oder tief mit Instrumenten und setzt gleichzeitig die Stimme dazu ein.

Diskussionsmöglichkeit.

3. Notation: Hohe und tiefe Töne werden in Farben wiedergegeben.

Methodisch-didaktische Hinweise:

- Erzieherfrage in etwa: „Wenn wir die Tierstimmen malen wollen, welche Farbe paßt am besten zu *dunklen,* tiefen Tönen? Und welche zu hohen? *Hellen?* Mit den Worten wird auf die dunkle und helle Farbe hingelenkt.
  Notation: S. rechte Seite.

Material:
Notenmalhefte, schwarze oder dunkelbraune Farbe für „tief“, gelb oder orange für „hell“.

Notation: S. rechte Seite.

Methodisch-didaktische Hinweise zur Notation:

1. Phase: Die Kinder spielen lange hoch und hell, der Erzieher malt mit gelber Farbe (weißer Kreide) an der Tafel oder auf großem Bogen Papier so lange große Kreise, Kringel, Linien usw., bis a e auf „stop" aufhören. Ebenso mit „dunkel", „tief". Das „Stop"-Zeichen gibt der Erzieher selber oder ein Kind spielt den Dirigenten.

2. Phase: Entsprechend oben gezeigter Notation malen die Kinder mit gelber und schwarzer Farbe so lange in ihr Notenmalheft, wie der Erzieher oder im Wechsel einzelne Kinder mit dem Tamburin (Trommel ...) oder der Schelle (Triangel usw.) spielen. Die Schwünge werden ohne Absetzen durchgezogen, bis zum „Stop".

3. Phase: Die Kinder tauschen ihre „Partituren" aus und spielen sie mit den Instrumenten ab. Die Möglichkeit, etwas mit Instrumenten abspielen zu können, gibt ein Erfolgsgefühl und macht den Kindern Spaß.

6. Einheit: Die Kinder erzeugen hohe und tiefe Töne und spielen Klanggeschichten (Tonlagen in Farben) ab. Ein weiteres „dynamisches Notenbild" wird entwickelt.

1. Die Kinder suchen und erzeugen an Gegenständen hohe und tiefe Töne.

Material:
1. Die selbst gebastelten Instrumente.
2. Umliegendes Material, beispielsweise Möbel, Gläser, Gummis, Wände, Fenster . .

Methodisch-didaktische Hinweise:
- **Demonstration:** Der Erzieher geht schweigend herum, klopft beispielsweise an eine Türe, die dumpf klingt und deutet mit „erkennendem" Gesicht das „tief" an; ebenso verfährt er bei „hell".
- **Kinderaktion:** Die Kinder „helfen" bei der Suche mit. Gemeinsam wird festgestellt, wann etwas eindeutig hoch oder tief klingt.
  Die Kinder nehmen den stummen Impuls auf – manche von selbst, manche nach Ermunterung. Auf ein verabredetes Zeichen kommen alle während der Klopfproben zusammen, um besonders deutliche Töne festzustellen. Die Kinder nennen dabei: „hoch" oder „tief" und welches Material (Holz, Glas, Gummi, Stoff). Da es in diesem Rahmen mehr tiefe als hohe Töne gibt, ist es ratsam, schon vorher beispielsweise einige Gummis um Stuhllehnen zu spannen, Gläser aufzustellen und für weitere „Klangkörper" zu sorgen.

2. Die Kinder assoziieren Instrumentengeräusche mit passenden „Möbeltönen".

Material:
Zusätzlich zum oben Genannten:
Tamburin und Schellen oder entsprechende Kontrastinstrumente.

Methodisch-didaktische Hinweise:
- **Demonstration und Gruppenspiel:** Der Erzieher gibt einen tiefen Ton (Tamburin . . .) an, die Kinder laufen an ein Möbel oder einen anderen Gegenstand und klopfen, rütteln, stoßen daran, um einen ähnlich tiefen Ton zu erzeugen. Gleiches Verfahren mit hellem Ton (mit Schelle).
- Jeweils ein Kind gibt einen hohen oder tiefen Ton an, die anderen suchen. (Anweisungsspiel mit Ein- und Unterordnung.)

3. Die Kinder spielen Notationen ab.

Material:
Instrumente wie oben, dazu die Notenmalhefte.

Methodisch-didaktische Hinweise:
- Jedes Kind sucht sich ein Instrument aus und bekommt sein eigenes Musikmalheft. Der Erzieher deutet auf die gelben und schwarzen Notationen eines Heftes, die Kinder spielen sie ab. Sie setzen damit eigene Notationen wieder in Geräusche um. Ebenso: Einzelsprechen oder Chorsprechen in rhythmischer Einordnung bei den Motiven „Edelsteine", „Ich heiße . . ."
- **Variation:** Die Kinder spielen und singen ihre eigenen Notationen ab.

4. Wir führen ein Dynamisches Notenbild durch:

Material:
Notenmalhefte, braune Farbe (für die Regenwürmer), gelbe Farbe (für die Sonne), ergänzende Farben zum Ausmalen des Motivs.

Ablauf wie bereits erläutert:
- Der Erzieher erzählt, evtl. in Rätselform: „Mein Tier ist braun . . . länglich . . . klein . . . lebt in der Erde . . . kommt bei Regen heraus . . .
- Gemeinsame großmotorische Vorbereitung.
- Ein fertiges Bild wird geboten (Raumaufteilung, Bewegungsablauf) „Ablesen" der Geschichte.
- Gemeinsame zeilenweise Erarbeitung. Nähere Ausführungen zur Notation: siehe rechte Seite.

1) Herr Regenwurm wohnt in einem Loch

2) Er ist so müde!

3) Frau Regenwurm will sich fortringeln

4) Herr Regenwurm schläft aber ein,
5) und seine Frau krabbelt an die Sonne

Zu 1) 1 Satz – 1 gemalte Linie in Sprechlänge; zu 2) 1 Satz – 1 Linie

Zu 3) Während des gesprochenen Satzes eine Wellenlinie malen.

Zu 4) Gerade Linie von links oben schräg nach rechts unten.

Zu 5) Gewellte Linie von links unten schräg nach rechts oben.

Wir bereiten gemeinsam das Bild durch ausbreitende Armbewegungen von links nach rechts (mit dem rechten Arm) und von rechts nach links (mit dem linken Arm) vor, auch beidarmig – groß waagrecht vor dem Körper vorbei. Dann auch von links oben nach schräg unten – absinkend, in die Hocke gehend, auch mit immer leiser werdender Stimme (denn Herr Regenwurm schläft ja ein). Frau Regenwurm wird munter – die Bewegung erfolgt hier aus der Hocke zum Stehen von links unten nach schräg rechts oben.

Schreibelemente: Linien und Wellen in gerader und schräger Lage

7. Einheit: Die Kinder lernen, neben „hoch" und „tief" im Echospiel auch bewußt „laut" und „leise" zu spielen. Sie führen Echo-Notationen durch.

1. Rhythmisch-musikalische Aktion: Die Kinder spielen und singen nach Handzeichen „laut" und „leise".

Material:
Einsatz der selbstzusammengestellten Instrumente, ergänzt durch einige Orff'sche Instrumente.

Methodisch-didaktische Hinweise:
Gruppenspiel: Lied: „Fuchs, du hast die Gans gestohlen . . ." Mit betonter Rhythmik singen und spielen die Kinder das Lied. Nach Handzeichen spielen sie laut oder echoartig „leise" („leise" bei den Textwiederholungen). Die Kinder werden so auf das Echospiel vorbereitet.

2. Hörerziehung: Die Kinder lernen mit dem Echo umgehen (Echospiel).

Methodisch-didaktische Hinweise:
- Der Begriff „Echo" kann durch Beispiele und Erzählungen, wenn möglich, auch durch Versuche (Wald, an einer Mauer, in großen Gängen) eingeführt oder besser erprobt werden.
- **Gemeinsames Echospiel:**
  Vokal: Der Erzieher ruft etwas „laut", die Kinder rufen „leise" als Echo *das gleiche* zurück. Auch: Gähnen, husten und weiteres. Rufe sollten auch in Tonlage und Ausdruck richtig wiedergegeben werden: fröhlich, energisch, knurrig . . .
- **Gruppenspiel:** Je ein Kind (freiwillig) steigt auf einen Stuhl und ruft beispielsweise „hallo" . . . „Guten Morgen!" . . . die übrigen Kinder wiederholen echoartig. (Sie ordnen sich spielerisch als Gruppe einem einzelnen unter und singen und sprechen nach seinen Anweisungen)
- **Gruppenspiel:** Die Kinder teilen sich mit den Instrumenten in eine Rufgruppe und eine Echogruppe. Nach Handzeichen des Erziehers spielen sie Echo und tauschen dabei auch die Rollen.
- In der Rufgruppe spielen alle mit passenden Instrumenten laut und tief, in der Echogruppe leise und tief. Ebenso mit laut und hell und leise und hell . . . Die Kinder erfahren so Zusammenhänge im Spiel mit den Instrumenten: Das **Ton-Antwortspiel** mit: laut-dunkel, leise-dunkel, laut-hell und leise-hell.
- Weitere Versuche zur Vertiefung durch die Kinder variierbar.

3. Notation: Die Kinder malen Ruf und Echo mit dunklen und hellen Farben.

Material:
- Schwarze und gelbe Farben.
- Für die Hand des Erziehers: Kreide, Tafel oder Papierflächen und Farbe.

Methodisch-didaktische Hinweise:
- Demonstration: Nach Handzeichen des Erziehers spielt die Rufgruppe laut und dunkel. Gleichzeitig malt der Erzieher kräftig mit dunkler Farbe auf der Tafel mit. Auf Handzeichen des Erziehers oder später auch einzelner Kinder spielen sie nun als Echo leise. Daraufhin malt der Erzieher mit der gleichen dunklen Farbe zart, mit schwachem Druck auf die Tafel.
- Das gleiche mit hellem Echospiel.
- Notation, siehe rechte Seite.
- Abschluß: Die Kinder tauschen ihre „Partituren" aus oder spielen ihre eigenen Notationen ab.

Hinweise zur Durchführung:

Der Erzieher ruft oder spielt laut und im Echo leise, die Kinder notieren in der Länge der Geräusche entsprechend mit.
Das Reaktionsvermögen wird hier stark geschult: Die Kinder koordinieren laute dunkle Töne mit druckstark aufgetragener schwarzer Farbe, leise dunkle Töne mit zart aufgetragener schwarzer Farbe. Ebenso mit stark oder schwach aufgetragener gelber Farbe bei hellen Tönen.

Bemerkung: Beim Ruf mit Echo ergaben sich in der Praxis oft dann Verwirrungen, wenn der Erzieher eine Frage rief. Die Kinder als Echo riefen nicht die Frage leise zurück, sondern gaben anfangs in leisem Ton eine Antwort auf die Frage. Gestalten sie Ihre ersten Echo-Versuche deshalb entsprechend – Fragen können später ausgerufen werden. Das Echo ist bisweilen Kindern als Phänomen unbekannt. Am besten wäre es gewiß, ein echtes Echo auszuprobieren.

8. Einheit: Die Kinder vertiefen ihre Kenntnisse im Echospiel und malen ein Dynamisches Notenbild mit Laut-Leise-Kontrast in Farben.

1. Die Kinder suchen Möglichkeiten für das Laut-Leise-Spiel:

Methodisch-didaktische Hinweise:
- Alle wählen sich ein Instrument aus. *Anweisung:* „Alle spielen hoch!" Dann: „Alle spielen tief!" Die Kinder merken, daß immer nur ein Teil von ihnen spielen kann, daß sie also immer nur hoch *oder* tief spielen können. Was nun?
- *Die Frage* taucht auf: Was könnte man tun, damit jeder hoch *und* tief spielen kann? (Ohne 2 Instrumente zu haben.) In Erinnerung an frühere Übungen sollen die Kinder herausfinden, daß man „tief" durch z. B. Klopfen auf dem Tisch erreichen kann. Helle Töne waren hier schwerer zu finden.
- *Erarbeitung der Erkenntnis,* daß jeder nur ein hellklingendes Instrument braucht, weil er durch die Möglichkeit des Klopfens, Trommelns . . . das „Tief" bereits am Tisch hat.
- Dieser Erkenntnis entsprechend tauschen alle, die ein tiefklingendes Instrument hatten, ihre gegen hellklingende aus.

Material:
Die bekannten Instrumente nach freier Wahl.

Ergänzung durch Verwendung des Mobiliars, besonders des Tisches.

Schellen, Glöckchen, Triangeln, Nägel in Gläsern, Xylophon.

2. Die Kinder spielen „laut" und „leise" mit Echo.

Methodisch-didaktische Hinweise:
Nach Handzeichen spielen die Kinder „laut-hell" und im Echo *„leise-hell"*, ebenso *„laut-tief"* und *„leise-tief"*. Hier geschieht allerhand gleichzeitig: Die Kindern benützen Möbel und Klanginstrumente und spielen damit nach doppelsymbolischen Handzeichen.

Material:
Wie zuletzt genannt.

Handzeichen:
Die Hände sind vorgereckt (laut) oder vor den Lippen (leise), und gleichzeitig höher oder tiefer gehalten für „hoch" oder „tief".

3. Die Kinder lernen ein neues Lied mit Echoeinsatz:

Methodisch-didaktische Hinweise:
Vorschlag: Sie erlernen das französische Kinderlied: „Frère Jacques, frère Jacques, dormez vous . . ."
- Vorbereitung durch motivierende Schilderung vom verschlafenen Jakob . . .
- **Musikalische gemeinsame Aktion:** Im kräftig betonten Rhythmus klatschen die Kinder beim Singen des Liedes, dann werden die Instrumente eingesetzt. **Echospiel:** Jeweils in der wiederholenden Zeile mit dem gleichen Text wird wie im Echo gesungen und gespielt.

|: Frère Jacques :| |: dormez vous? :|

|: Sonnent les matines :| |: ding ding dong :|

4. Ein Dynamisches Notenbild wird entwickelt. Eine neue Farb-Tonlage-Zuordnung wird eingeführt.

Methodisch-didaktische Hinweise:
Motivation: Z. B. vom Opa und seinem Enkelkind (Name geben! Hier: Tom). Tom soll Brei essen, er mag aber nicht. Er darf nun „Chef" spielen: Opa muß den Brei so aus dem Topf in den Teller löffeln, wie es Tom befiehlt:
- **Großmotorische Vorbereitung:** Schöpfende Handbewegung auf jede Silbe; dabei wird das „Gib mir Brei" wie ein Echo leise gesprochen (auf den ist Tom ja nicht so scharf . . .). Ähnliche Motivation beim „Bier".
- Das fertige Dynamische Notenbild wird geboten.
- Durchführung s. rechte Seite.

Um den Klang fremder Sprache zu erleben, können die Kinder durchaus auch fremdsprachige einfache Lieder erlernen. Das heutige Lied bietet sich besonders an: Es ist bekannt, leicht zu lernen, im Notfall auch in deutschem Text verwendbar und als Echospiel günstig.

Material:
Demonstrationsmaterial für den Erzieher, Notenmalhefte, rote Farbe.

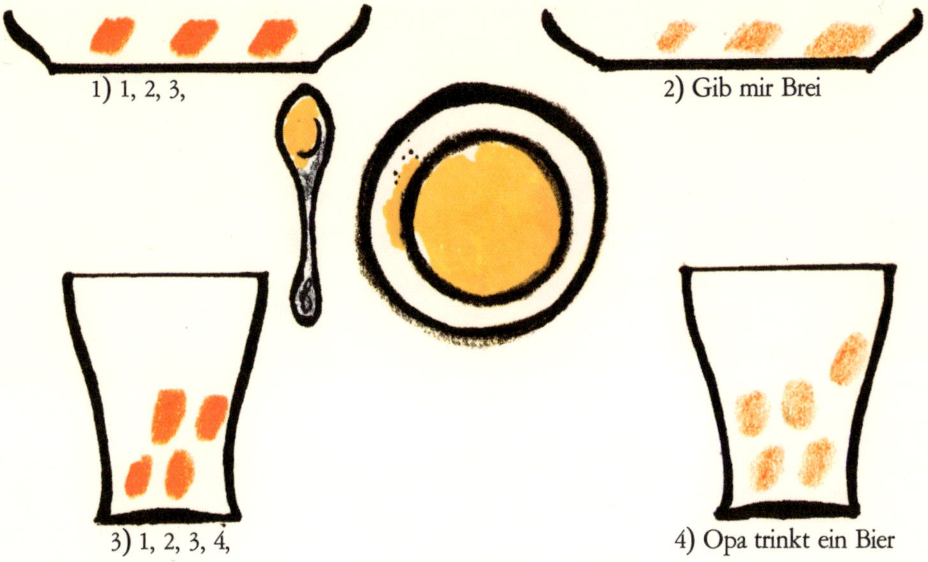

Methodisch-didaktische Hinweise:

Zur Farbe: Für „Tief" haben wir „schwarz", für „hoch" das Gelbe. Da man beim Sprechen weder ganz hoch noch ganz tief spricht, sondern „mittel", nehmen wir hier die *rote Farbe.*

Bemerkung: In der Praxis nannten die meisten Kinder als „mittlere" Farbe blau und rot. Da rot mehr leuchtet, einigten wir uns auf „Rot". Bitte *Wachsstift* verwenden – mit diesem läßt sich der starke und schwache Druck bei Ruf (Befehl) und Echo gut regulieren.

Zur Raumaufteilung: Sie wird am fertigen Bild besprochen. Links oben beginnen! Links-rechts-Ablauf einhalten!

Großmotorisch vorbereiten, dann *zeilenweise* mit gemeinsamem Sprechen feinmotorisch ins Heft malen. Rhythmisches Mitsprechen mit „laut" und „leise" beim Malen, aber wieder ohne Kopieren.

Die Teller werden zuerst gemalt (alle beide), dann die Breikleckse ... **Die Bierbecher** werden beide angedeutet, dann die Kleckse bzw. Tropfen mit Sprechen hineingemalt.
Zu 1) Laut – starker Druck. Auf jede der 3 Silben wird ein Klecks auf die vorher gemalten Teller gesetzt. Zu 2) Ebenso, nur „leise", mit zartem Druck. Zu 3) Laut – starker Druck. 4 Silben – 4 Kleckse. Zu 4) schwacher Druck – leise. 5 Silben – 5 Kleckse. (O-pa hat 2 Silben). Zum Schluß können Bierglas und Breiteller dazugemalt werden.

9. Einheit: Die Kinder spielen und singen mit „Echoeffekt" und führen eine weitere Notation zum „Echo" durch.

1. Die Kinder spielen nach Handzeichen laut und leise, hoch und tief, immer lauter, immer leiser . . .

Methodisch-didaktische Hinweise:

- Die Kinder spielen nach Handzeichen mit ihren Instrumenten „immer lauter", „immer leiser" . . .
- . . . und nun hoch wie die Vögel, tief wie ein Brummelbär . . . (Die Kinder verbinden Zeichen und Ton; Wort und Ton).
- Erinnerung an das „Echo": Kleine Rufproben zwischen dem Erzieher und den Kindern werden durchgeführt; ebenso zwischen den Kindern untereinander. Dann singen alle das Lied: „Frère Jacques" mit jeweiligem Echospiel in der Wiederholungszeile.
- Wechselspiel zwischen Kind und Gruppe: Jedes Kind spielt der Reihe nach mit seinem Instrument etwas laut oder leise vor, die anderen bestimmen: „Das ist laut" oder: „Das ist leise, ein Echo" . . . Hier wird wieder Ein- und Unterordnung auch der Kinder untereinander geübt.

Material:
Die selbstgebastelten Instrumente, ergänzt durch einfache Orff'sche . . .

2. Eine Notation wird durch Partnerspiel vorbereitet:

Methodisch-didaktische Hinweise:

Die Kinder versuchen ein Partnerspiel mit Singen und evtl. Instrumenten oder Klatschen: Das 1. Kind singt laut: „Frère Jacques . . .", das 2. Kind (Partner) wiederholt diese Zeile leise als Echo . . . (Die Kinder reagieren im Wechselspiel aufeinander, ordnen sich ein und unter).

Bemerkungen zum Material:
Die Kinder sollen durch entsprechende Impulse zu der Erkenntnis gebracht werden, daß das Lied nicht nur tief oder nur hoch gesungen wird . . . die Töne sind verschieden hoch. Sie sind insgesamt „mittel". Also nehmen wir nicht gelb oder schwarz, sondern eine „mittlere" Farbe: *Rot.*

3. Eine Notation mit Echo wird durchgeführt:

Methodisch-didaktische Hinweise:

Erzieher und Kinder bereiten gemeinsam die Notation vor: Ablauf: Die großmotorische Phase wird nicht zusätzlich ausgebaut – die Zuordnung geschah bereits über das Klatschen und Spielen.
Der Erzieher zeigt zeilenweise an der großen Demonstrationsfläche das Verfahren. Dabei sprechen bzw. singen die Kinder, und genau in deren Rhythmus zeichnet der Erzieher mit („die Kinder helfen oder führen ihn . . ."):
Auf jede Silbe kommt ein kräftiger Strich, in der wiederholenden Zeile (je 2–3 Wörter) werden die silbenweise rhythmisch betonten Silben zart als Echo gemalt und gesungen.

Material:
Für den Erzieher eine große Malfläche und rote Farbe, für die Kinder: Ihre Musikmalhefte und rote Wachsfarbe.

Bemerkung:
Die Kinder sind recht stolz, daß sie nun auch auf französisch singen können, was gleichzeitig mitbeinhaltet, daß sie das Lied auf deutsch in Scherzreime verdrehen (Frère Jacques, halt die Klappe, dormez vous, alte Kuh; sonnent les matines, alte Waschmaschine; ding, ding, dong, lutsch Bonbon!) o. ä. Gerade, weil solche Texte zugelassen werden, macht es besonders Spaß!

4. Abschluß: Ein kleines Laufspiel:

Die Kinder laufen herum, der Erzieher schlägt rasch den Tamburin. Wenn er 1x kräftig schlägt, bleiben alle sofort stehen. Variation.

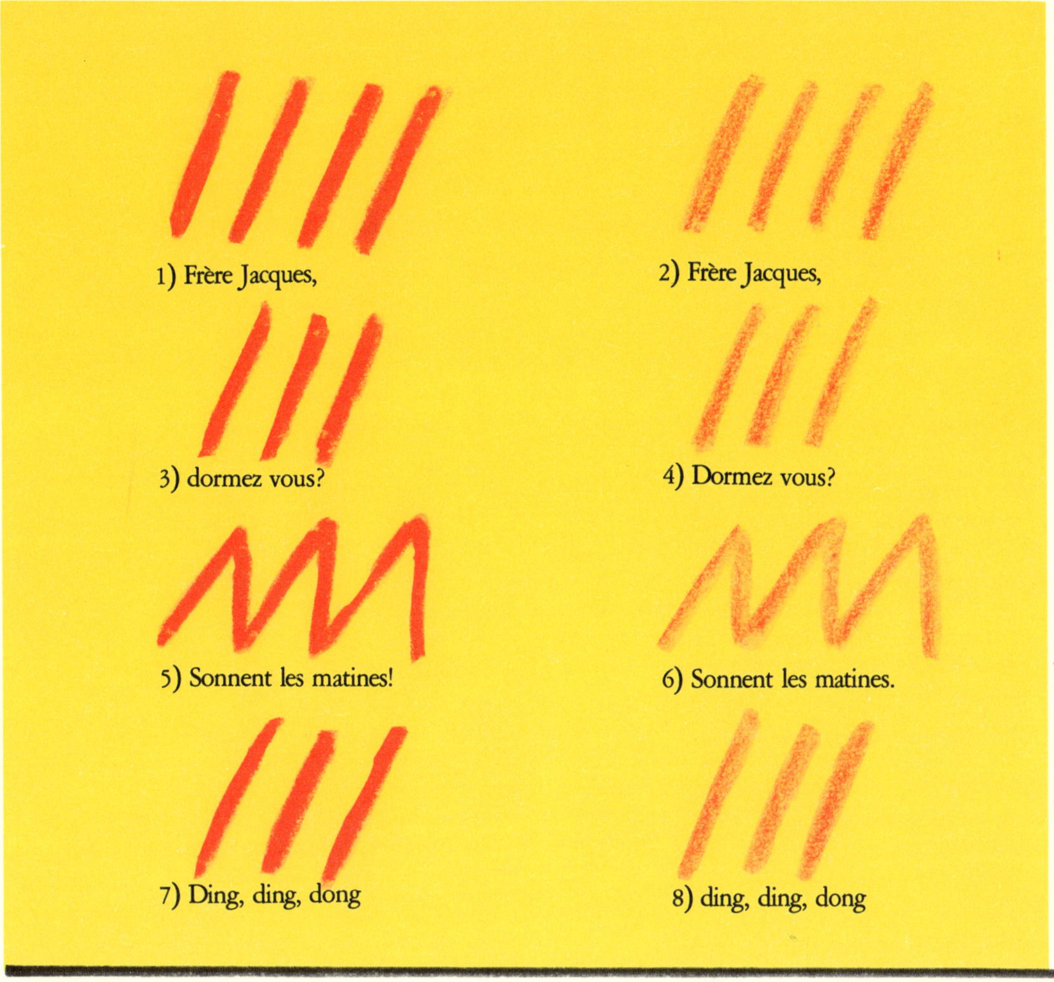

Hinweise zur Durchführung:

Zu 1) 4 Silben, laut gesungen, – 4 Striche mit Druck.

Zu 2) 4 Silben, leise gesungen, – 4 Striche, ohne Druck.

Zu 3) 3 Silben; druckstark gemalt.

Zu 4) 3 Silben, druckzart gemalt.

Zu 5) 6 Silben, laut gesungen; – 6 aneinanderhängende Teilzacken mit Druck.

Zu 6) Wie 5), nur druckschwach.

Zu 7) 3 Silben – 3 Striche mit Druck gemalt.

Zu 8) 3 Silben – 3 Striche ohne Druck.

10. Einheit: Die Kinder setzen gehörte Geräusche in Gesamtkörperbewegungen um. Sie bewegen sich rhythmisch – entsprechend dem Text – und malen danach in Auswertung ein dynamisches Notenbild (vom Frosch).

1. Die Kinder verteilen sich im Raum. Sie sollen gehörte Geräusche in bestimmten Körperhaltungen und Bewegungen ausdrücken.

Material:
Der Erzieher hat einen Tamburin für „tief“ – für „hoch“ eine Schelle. Die Kinder brauchen hier kein Instrument.

Methodisch-didaktische Hinweise:

- Der Erzieher fordert auf, daß sich die Kinder gleichmäßig im Raum verteilen. Das „Sichverteilen“ im Raum ist anfangs etwas schwierig, da Kinder zum Nachlaufen und zur Gruppenbildung bei Aktionen neigen. Jedes soll „woanders“, für sich stehen.
- Der Erzieher erklärt das Spiel: Bei einem tiefen Ton sollen alle möglichst tief hinunter – in Hockestellung; bei einem hohen Ton: möglichst hochrecken – aufstehen und Arme in die Höhe.
- **Durchführung:** Der Erzieher schlägt den Tamburin, die Kinder gehen in Hockestellung. Er spielt mit den Schellen: Die Kinder rekken sich ganz hoch. Die Kinder horchen und ordnen die Geräusche einer Körperhaltung zu. Die Körperhaltung drückt also somit eine Tonlage aus.
- **Variante:** Bei „tief“ verschwinden die Kinder unter Tische und Stühle ... bei „hoch“ steigen alle auf die Stühle ... Die Kinder ordnen ihre Bewegungen entsprechend der Tonlage den Raumlagebezeichnungen „auf“ und „unter“ zu. Das gehört zum weitergefaßten Rahmen der Rhythmik und kann immer wieder durchgeführt werden.
- **Variante:** Einzelne Kinder geben den Ton an, die anderen „folgen“.

2. Notation: Ein dynamisches Notenbild wird entwickelt.

Material:
Notenmalhefte, grüne und blaue Farbe.
Ergänzende Farben beim Ausmalen des Froschbildes.

Methodisch-didaktische Hinweise:

- **Motivation:** Vom Froschteich und vom stolzen Froschkönig, der allen erzählt, wie gut er hüpfen kann...
- **Gruppenspiel:** Alle Kinder gehen in Froschstellung und hüpfen mit „quak, quak ...“ herum. Das „Quak“ ist rhythmisch jedem Hüpfer zugeordnet.
- **Weitere großmotorische Vorübung:** Die Kinder hüpfen, dabei sprechen sie: „Ich bin ein Frosch und hüpfe.“
- Der Erzieher zeigt ein fertiges Bild (wegen der Raumaufteilung). Dann „schreibt“ er in Zacken, begleitet vom gemeinsamen Sprechen der Kinder, den „Satz“ an die Tafel.
- **Großmotorisches Zackenschwingen** in der Luft, dann mittel- bis kleinmotorisch mit dem Finger im Heft, dann mit dem Stift.
- Ebenso in den weiteren Phasen: Hüpfen beziehungsweise Ab- und Aufwärtsbewegung und dazu sprechen; dann mit dem Arm in der Luft, mit dem Finger im Heft, mit dem Stift im Heft.

Weitere Hinweise zur Notation: Siehe rechte Seite.

Schreibelemente: Zackenlinien in verschiedenen Lagen.

Bewegungsablauf: Von links nach rechts (1), von oben nach unten (2) und von unten nach oben (3) (auch großmotorisch!).

Farben: Grün und blau; zum Ausmalen gelb und weitere ergänzende Farben.

Hinweise zur Durchführung:

Zu 1) Auf jede gesprochene Silbe kommt 1 Auf- bzw. Abstrich. Zu 2) Auf jede Silbe 1 Zackenteil, auf der linken Blatthälfte von oben nach unten geführt (Frosch springt hinunter ins Wasser). Zu 3) Wie 2), jedoch von unten nach oben geführt (der Frosch springt hoch). Zu 4) Auf jeden der beiden Ausrufe wird pro Silbe ein Strich gesetzt, der sich zum V-Haken fügt (2 Silben – 2 Teilstriche in Blau als Wasser). Bei 4) auch großmotorisch betonen: Aus der Hocke beim Wort „spritzt“ ganz hoch hinauf springen.

11. Einheit: Die Kinder üben sich in einfühlendem Hören und farbigem Wiedergeben von hohen und tiefen Tönen im Laut-Leise-Kontrast. Das Legato und Staccato wird mit gehackten und langgezogenen Tönen bewußt gemacht und notiert.

1. Die Kinder singen und spielen ein neues Lied. Sie schwingen und taktieren mit den Armen zur Musik.

Methodisch-didaktische Hinweise:

- Der Erzieher erzählt beispielsweise von einem kleinen Unfall – dem Kind tut alles weh – es wird mit dem Lied: „Heile, heile Segen, drei Tage Regen . . ." getröstet. **Körperinterpretation:** In der ersten Zeile streichelt die rechte Hand den linken Handrücken, in der zweiten die linke den rechten Handrücken; in der dritten möglicherweise zum Spaß das gleiche mit Fußsohle und Fußrücken . . .

Material:
Ohne Instrumente – hier ist die Textinterpretation durch den Körper wichtig.

- Die Kinder spielen zum gleichen Lied mit den Instrumenten rhythmisch betont mit. In der letzten Zeile stampfen sie mit den Füßen dazu. (Spiel nach Handzeichen)

Material:
Die üblichen Instrumente.

- Der Erzieher spielt das eben erlernte Lied vor, und zwar legato – gleichmäßig und gebunden gespielt. Die Kinder taktieren dazu mit beiden Armen aus dem Schultergelenk in der Luft in spiral-, kreis- und schwungförmigen Bewegungen und Schwingungen mit. Spielt der Erzieher *laut,* greifen die Kinder kräftig aus; spielt er *leise,* schwingen sie behutsamer.

2. Die Kinder führen eine weitere Notation durch.

Methodisch-didaktische Hinweise:

- Sie malen auf eine neue Seite schön verteilt (zeigen) etwa so viele blaue Punkte, „. . . wie alt ihr seid!" (fünf oder sechs Punkte.)
- Alle singen „Frère Jacques . . ." und umziehen dabei mit dem Finger in steter Bewegung die Punkte in Kreisen, Schwüngen, Bögen – ohne abzusetzen. Der Finger tanzt.

Material:
Für den Erzieher ein Instrument, mit dem er Melodien spielen kann. (Klavier, Flöte, Melodica, Gitarre . . .)

- **Notation:** Der Erzieher spielt auf der Melodica in heller Tonlage „Heile, heile Segen" . . . oder „Frère Jacques . . ." Dabei Wechsel von laut und leise. Die Kinder umschwingen zügig in fließenden Bewegungen mit gelbem Stift die Punkte; bei *laut:* mit starkem Druck; bei *leise:* mit schwachem Druck.

Material:
Musikmalhefte, dazu gelbe, blaue und schwarze Wachsfarben.

- Eine Oktav tiefer gespielt, etwa „Fuchs, du . . ." Nun umkreisen die Kinder mit schwarzer Farbe entsprechend *laut* oder *leise* mit starkem/schwachen Druck die Punkte. Die Übungen sollen in fließenden Bewegungen ablaufen, nicht rhythmisch betont wie bei dynamischen Notenbildern.

3. Die Kinder unterscheiden bei der Notation zusätzlich in der Strichführung nach Legato und Staccato

Methodisch-didaktische Hinweise:

- Der Erzieher spielt in Staccato, die Kinder malen entsprechend mit.
- Der Erzieher spielt eine wechselnde Melodie, die Kinder setzen um nach hoch und tief, laut und leise, legato und staccato.
- **Das Luft-Anhalte-Spiel:** In mittlerer Tonlage (rot) hält der Erzieher einen Ton durch, solange die Luft reicht, die Kinder malen solange in gleich lang gezogener Spirale mit.
- Spiel: Wer kann am längsten die Luft anhalten? Und das auf „a"? Und nun mitmalen?

Hinweise zur Durchführung:

1. Die groß- und mittelmotorische Phase ging durch Armtaktieren und Fingermalen voraus.

2. **Feinmotorische Phase:** a) Die blauen Punkte werden eingemalt. b) Bei hellen Tönen schwingt die gelbe, bei dunklen Tönen die schwarze Farbe um die Punkte. Dazu: Bei „laut" mit starkem Druck, bei „leise" mit schwachem Druck. Die Schwingungen entsprechen dem langgezogenen *Legato* (Gebunden). Die hackenden Stöße, die man als Klopfen auf dem Tisch hört, sind das gehackte Staccato.

3. **Die rote Notation** als Spirale ist der lange „Luft-Anhalte-Ton."

12. Einheit: Die Kinder sollen Stimmungen in Bewegungen, Mienenspiel und farbige Zeichen umsetzen.

1. Gespräch mit den Kindern – Anregung zum Mienenspiel

Methodisch-didaktische Hinweise:

- Gemeinsames Singen, um einzustimmen.
- **Impuls:** „Heute hatte ich Glück. Jetzt habe ich richtig gute Laune! . . ." (Dazu lacht der Erzieher – oder provoziert gerade durch ein trauriges Gesicht das Gegenteil) . . . Aufforderung an die Kinder: „Wer heute auch glücklich ist, macht mit mir ein *fröhliches Gesicht!*" (Mund „bis zu den Ohren" . . . Zähne zeigen.)
- Das Gegenteil: . . . Wir machen ein *trauriges Gesicht* (Mundwinkel herunter, Kopf leicht schief . . .).
- Nun sind wir *zornig* (Unterkiefer vor, funkelnde Augen, Fäuste geballt . . .).
- Und nun werden wir *ganz müde:* (Augen zu, Kopf geneigt . . .)
- Jetzt schneiden wir Grimassen (Mund verziehen, Clowngesichter schneiden . . .)
  (Ausdruckssteigerung durch gezieltes Mienenspiel: Besonders der Ausdruck des Mundes, der Augen, der Stirn und der Kopfhaltung sind zu beachten.)

Kein Material – dafür betontes Einhalten von Rhythmik und Bewegungen, z. B. Lieder, die bes. zum Echosingen geeignet sind und Körperinterpretation einschließen.

2. Kinderaktion: Die Hände bewegen sich mit:

Methodisch-didaktische Hinweise:

- *Wenn wir fröhlich sind:* dann „tanzen" die Hände lebhaft, wie beim Taktieren . . . weit ausgreifend und in alle Richtungen.
- *Wenn wir traurig sind:* Die Hände gleiten langsam von oben nach unten, drehen sich träge spiralig, sinken immer wieder ab.
- *Wenn wir wütend sind:* Hackende Bewegungen mit den Fingern in der Luft, zuckende Auf- und Abbewegungen, wildes „Fuchteln" und Schwingen . . .
- *Wenn wir müde sind:* Die Hände gleiten ruhig in waagrechten Linien hin und her, bewegen sich in weichen, runden Kreisen . . . (Bett, Kissen . . .).
  (Stimmungen werden neben der Mimik auch in Handbewegungen ausgedrückt.)

3. Die Kinder hören Musik. Sie nehmen eine Melodie bewußt auf und koordinieren sie mit Ausdruck und Bewegung.

Material:
Schallplatte von: „SUSANNE: WOLLT IHR MIT UNS FRÖHLICH SEIN?" (Hoffmann/Bruhns/Arbeitsgruppe Sesamstraße).

Methodisch-didaktische Hinweise:

- Die Kinder hören sich zuerst die Platte an, um die Art der Musik kennenzulernen.
- Die Platte wird erneut angehört; nun bewegen sich die Hände (wie oben angegeben) dazu.

4. Notation: Die Kinder setzen Musik und Stimmungen in Farbe, Linien und Schwingungen um.

Material:
Notenmalhefte, schwarze und gelbe Wachsmalstifte.

- Die Platte wird ein drittes Mal abgespielt. (Bemerkung: Der Erzieher macht auf einem Blatt mit, was auch die Kinder malen sollen, um sie anzuregen.) Nähere Anweisungen zur Notation: Siehe rechte Seite.
- Das Stück wird nochmals abgespielt, die Kinder tanzen dazu – sinken zu Boden – stampfen zornig auf – hopsen und klatschen zum Schluß wieder.
- Abschließend können die Kinder Gesichter mit entsprechenden Mienen malen.

Hinweise zur Durchführung:

1. Die Seite wird in 4 Teile geteilt.
2. Während die Platte ein 3. Mal abläuft, malen die Kinder in die 4 Felder je nach der Stimmung, mit der SUSANNE gerade singt;

1. Feld: (Zeigen lassen . . . links oben): Beide Farben; „fröhliche“ Schwünge, Kreise, rasch hin und her . . .
2. Feld: Trauriges Abwärtssinken, schwarz.
3. Feld: Man hört das rhythmisch „zornige“ Hacken der Stifte (schwarz/gelb).
4. Feld: Waagrechte Linien, ruhige Rundungen für „müde“, „Bett“, „weich“ . . .
5. Feld: – neue Seite: Temperamentvolle Linien, bunt, evtl. sogar mit allen Farben, für „Spaß“, „Grimassen“.

Zum Schluß malen die Kinder verschieden gestimmte Gesichter.

13. Einheit: Die Kinder lernen ein neues Lied kennen und setzen es entsprechend seinem Gehalt in Zeichen, Farben und Bewegungen um.

1. Allgemeines Gespräch über das Backen – dann erlernen die Kinder ein neues Lied mit Körperinterpretation und Instrumentaleinsatz.

Material:
Die Instrumente einschließlich einfacher Orff'scher Instrumente.

Methodisch-didaktische Hinweise:

- Die Kinder äußern sich frei. Anlaß: Mama backt Kuchen oder Brötle (Weihnachten, Geburtstag) ... Sie braucht dazu allerhand! Wer hat schon mitgeholfen? ... (Beachtung einigermaßen höflicher Gesprächsformen ...)
- **Impuls:** Es gibt ein Lied vom Kuchenbacken! ... „Backe, backe Kuchen, der Bäcker ..." Gemeinsames Singen.
  1. **Körperinterpretation:** durch angedeutetes Rühren, Schlagen ...
  2. Die Kinder spielen mit den *Instrumenten.* Das Schütteln der Instrumente soll stark rhythmisch, mit fast hackendem Sprechen, betont werden.
  3. **Spiel nach Handzeichen:** Die Kinder bilden zwei Gruppen. Nach Handzeichen spielt im Wechsel die eine, dann die andere Gruppe. (Beispielsweise je einen Satz ... Reaktions- und Konzentrationsvermögen werden hier beansprucht.)

2. Wir bereiten ein weiteres dynamisches Notenbild vor

Methodisch-didaktische Hinweise:

- Demonstration unter Einbezug der ganzen Gruppe:
- Backe, backe Kuchen ... Während des Singens wird spiralig mit dem Arm aus der Schulter in der Luft gemeinsam von innen nach außen und umgekehrt bewegt.
- „der Bäcker hat gerufen ..." Alle schlagen Kakao oder dergleichen in den Teig ein: Pro Silbe in rhythmischer Betonung schlägt die Hand Girlandenformen. (Bewegung aus dem Handgelenk.)
- „wer will ..." wie a)
- „der muß ..." wie b)
- Wir streichen alle über die Tischplatte und „legen" mit der geballten Hand jeweils die gesungenen Backzutaten auf den Tisch. Jedes *Wort* entspricht einem Schlag auf die Platte. Nur in der letzten Zeile entspricht jede *Silbe* einem Schlag.

3. Das dynamische Notenbild wird ausgeführt.

Material:
Die Kinder erhalten ihre Musikmalhefte, braune und gelbe Farben. Der Erzieher bedient sich der Demonstrationsfläche.

Methodisch-didaktische Hinweise:

- Der Erzieher zeigt wegen der Flächenaufteilung ein fertiges dynamisches Notenbild im Buch. Die Kinder singen die Notation ab, der Erzieher zeigt dabei die Zeilen (dann: das Buch weglegen).
- Durchführung im bekannten Verfahren:
  Zeilenweise, jeweils großmotorisch, dann mit dem Finger im Heft, anschließend mit dem Stift im Heft (am besten mit gemeinsamem Chorsingen, aber wieder ohne die Vorlage, um ein Kopieren zu vermeiden).
- Wir singen unser dynamisches Notenbild ab. Jeder kann es in seinem Heft probieren!

Ausweitung:
Die Kinder spielen sich stumm in Pantomine zum Erraten vor: Naschen, Eier zerschlagen, Finger ablecken, es fällt etwas herunter. Dieses Spiel macht erfahrungsgemäß sehr Spaß.

1) Backe, backe Kuchen;

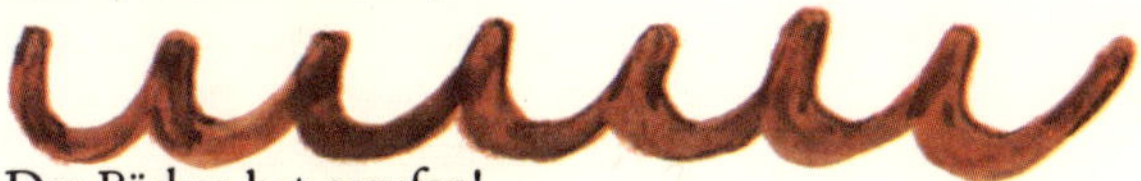

2) Der Bäcker hat gerufen!

3) Wer will guten Kuchen haben?

4) Der muß sieben Sachen haben:

5) Eier und Salz,

6) Zucker und Schmalz,

7) Milch und Mehl,

8) Safran macht den Kuchen gel.

Schriftelemente: Girlanden, kleine Kreise, Spiralen.

Farben: Gelb (für „Teig"); braun (für „Kakao"); schwarz (für Tischlinie).

Bewegungsablauf: Zeilenweises Vorgehen, von links nach rechts. Spiralen von innen nach außen und außen nach innen.

Hinweise zur Durchführung:

Zu 1) Wir „rühren"! Der Stift bewegt sich in der Länge des Singens spiralig von außen nach innen. Zu 2) Es wird „Kakao eingerührt", „eingeschlagen". Auf jede gesungene Silbe kommt 1 Girlande. Zu 3) Wir „rühren" wieder, wie bei 1), jedoch von innen nach außen. Zu 4) Noch mehr Kakao wird eingeschlagen, wie bei 2). Zu 5), 6), 7): In schwarz wird die „Tischplatte" (Linie) vorgezeichnet, auf die die „Zutaten" gelegt werden: Je 3 Wörter ergeben je 3 kleine Kreise. Zu 8): Hier zählen die Silben: 7 Silben – 7 Kreise (für Backzutaten).
Zum Schluß malen die Kinder das Bild aus, zum Beispiel mit einem Geburtstagskuchen, Weihnachtsbrötchen oder ähnlichem. Dazu können alle Farben verwendet werden.

14. Einheit: Die Kinder erlernen in Vorbereitung auf ein Dynamisches Notenbild ein neues Lied. Sie spielen nach Handzeichen und führen das Dynamische Notenbild durch.

1. Die Kinder wählen sich ihre Instrumente aus und bestimmen deren Tonlage. Sie spielen nach Handzeichen:

Material:
Alle bisher verwendeten Instrumente – nach freier Auswahl der Kinder.

Methodisch-didaktische Hinweise:
Wir bilden zwei Gruppen: 1 für die hohen und 1 für die tiefen Töne:
- Die Kinder „erhorchen“ den Ton, ordnen sich in die passende Gruppe ein. Zweifelsfälle (bei mittlerer Tonlage) geben Anlaß zur Diskussion.
- Alle spielen „ihren“ Ton.
- Der Erzieher zeigt mit den Händen „laut“ und „leise“, „hoch“ und „tief“ an; jeweils auf die passende Gruppe bezogen. Zwischenhinein: Einsatz für alle durch weit ausgreifende Bewegungen. (Umsetzung also von Handzeichen in Klangstärke und Höhe.)

2. Rhythmisch-musikalische Aktion mit Gesang und Spiel. Die Kinder erlernen ein neues Lied.

Material:
Die Kinder behalten ihre Instrumente. *Der Erzieher* benützt einen Tamburin für das Rhythmikspiel.

Methodisch-didaktische Überlegungen:
- Lieder nach Wahl der Kinder. Sie steigern mit den Instrumenten und ihrem Singen von leise nach laut und umgekehrt in Reaktion auf Zeichen und Textgehalt. (Es tröpfelt ...“ „Heile, heile Segen ...“ usw.)
- Die Kinder laufen singend herum. Wenn der Erzieher *ein Mal* kräftig auf den Tamburin schlägt, lassen sich alle auf den Boden fallen, Gesang und Instrumente schweigen. Schlägt der Erzieher *2 Mal* auf den Tamburin, erheben sich alle, laufen und singen wieder.
- **Variation:** Die Kinder halten sich jeweils an den Schultern des Vordermannes fest und laufen in einer langen Schlange. Bei einem kräftigen Schlag laufen alle vorwärts. 2 Schläge hintereinander bedeuten: Alle rückwärtslaufen. Dann wieder 1 Schlag usw.
- **Motivation:** Die Geschichte von den 7 Zwergen in den 7 Bergen; sie steigen die Felsenstufen zum Bergwerk hoch und abends wieder hinab. Sie graben und suchen Gold und Edelsteine ...
- Die Kinder erlernen das Lied und begleiten es auch in Gesamtkörperinterpretation: Mit steigender und fallender Melodie steigt und fällt auch der Körper (von der Hocke bis zum Stehen mit Armen oben).
  Die Kinder spielen mit den Instrumenten dazu – nach Handzeichen mit hackenden und ruhigen Bewegungen entsprechend im Staccato oder Legato (Reaktion!).

Melodie:

Text:
Dort auf jenem Berge, simserimsimsim, tanzen sieben Zwerge, simserimsimsim.

3. Hinführung zum Dynamischen Notenbild und Durchführung:

Material:
Notenmalhefte, schwarze und rote Farbe, ergänzende Farben beim Ausmalen des Bildes.

Methodisch-didaktische Hinweise:
- **Motivation:** Der Erzieher erzählt von der Begegnung eines Wolfes mit einer Schlange. Beide wollen am Bach trinken – jeder macht dem anderen den ersten Platz streitig – Streit (Kinder beteiligen!). Die Schlange wickelt den Wolf ein und hält ihn fest, bis sie getrunken hat. Dann läßt sie ihn erst frei ... alle Tiere lachen den Wolf aus usw. Die Kinder können beim Ausschmücken mithelfen – Vermutungen: Wer ist stärker? Wer siegt? Es ist ein starker Anlaß zum Sprechen, auch sachlich orientiert. Dramatisieren Sie ruhig (anschleichen, lauschen usw.).
- *Durchführung:* Wie stets erst groß-, dann feinmotorisch. Nähere Ausführung: s. rechte Seite.

1) Es war einmal ein wilder Wolf;

2) der sah eine Riesenschlange.

3) Der Wolf wollte die Schlange verjagen,

4) Da wickelte die Schlange ihn ganz fest ein.

Hinweise zur Durchführung:

Schriftelemente: Ungeordnete, unregelmäßige Zacken; Schleifen, Wellen.

Farben: Schwarz (für den Wolf), rot (Schlange), grün usw. als Ergänzung.

Bewegungsablauf: Von links nach rechts; erst oberer, dann unterer Bildteil.

Zu 1) Als wildes Tier wird der Wolf struppig gemalt: auf jede Silbe wird während des Sprechens eine kurze Linie gemalt, die jeweils die Richtung wechselt, so daß ein „Zackengestrüpp“ entsteht. Jeder Wolf kann anders aussehen. Nachträglich werden an einem offenen Ende Zähne, Zunge und Auge eingesetzt (Großmotorisch: Gleicher Bewegungsablauf).

Zu 2) Wellenlinie in der Länge des Sprechens.

Zu 3) Ausführung des Wolfes wie bei 1) mit 10 Silben – 10 Zackenteilen.

Zu 4) Große Kreisbewegung, die den Wolf „einwickelt“, solange der Sprechtext anhält. In der großmotorischen Phase verläuft die Bewegung für Wolf und Schlange aus dem Schultergelenk.

Zum Abschluß können Wolf und Schlange dazugemalt werden. Wer sich dazu nicht getraut, malt den Bach mit Blumen ...

Bemerkung: Das Thema Wolf und Schlange regt erfahrungsgemäß die Kinder besonders an.

15. Einheit: Die Kinder malen ein vorbereitetes Dynamisches Notenbild. Sie hören Musik und tanzen darauf.

1. Die Kinder singen und spielen mit ihren Instrumenten:

- Spiel nach Handzeichen in bekannter Weise. *Liedgut:* „Backe, backe Kuchen . . .", „Frère Jacques . . ." und ähnliches.
- Wiederholung des neu erlernten Liedchens: „Dort auf jenem Berge . . ." Die Zwergengeschichte wird dabei nochmals in ausschmückender Form erzählt: Z. B. Wie ein Bergwerk aussieht, was für Gesteine man darin finden kann usw.
- Mit Instrumenten und Gesamtkörpereinsatz wird das Lied mit steigender und fallender Bewegung gesungen.

Material:
Die Instrumente.

2. Ein Dynamisches Notenbild mit dem Lied: „Dort auf jenem Berge . . ." wird durchgeführt.

Material:
Notenmalhefte, schwarzer Stift.

Ergänzende Farben zum Ausmalen: Grün für den Berg, weitere Farben für Edelsteine.

Methodisch-didaktische Hinweise:

- Die großmotorische Vorbereitung ist bereits durch den Gesamtkörpereinsatz erfolgt.
- Der Erzieher zeigt im Buch das passende Bild und bespricht die Raumaufteilung: Obere und untere Bildhälfte mit jeweiligem Anfang an der linken Seite.
- Die Kinder erhalten ihre Notenmalhefte und Farben und führen gemeinsam mit dem Erzieher zeilenweise das Bild durch, am besten wieder im bewährten Rahmen: Der Erzieher malt zeilenweise, ausgerichtet nach dem rhythmisch betonten Singen der Kinder, an die Demonstrationsfläche. Die Kinder malen, begleitet vom Chorsprechen, ohne Kopieren in ihren Heften. **Nähere Hinweise:** Siehe rechte Seite.
- **Malen:** Zum Schluß werden die Stufen mit 2 grünen Bergkonturen ummalt und in die Berge bunte Edelsteine gesetzt, dazu evtl. Zwerge. Die Edelsteine und ihre Farben geben viel Anlaß zu Gesprächen, besonders, wenn man den Kindern auch einige echte Edel- und Halbedelsteine zeigen kann.

3. Die Kinder hören zur Auflockerung Schallplattenmusik und tanzen danach.

Methodisch-didaktische Hinweise:
(Hier in Bezug auf die vorgeschlagene Platte; die Hinweise sind auch in ähnlicher Form mit anderer Musik verwertbar.)

1. *Seite a) „Kindergarten – Mixer:"* (Spieldauer: 2'05") Die Kinder sitzen im Kreis. Während der „Mixer" läuft, deutet der Erzieher jeweils rechtzeitig die Bewegungen an: Im Wechsel klatschen, stampfen, auf den Tisch mit Fäusten trommeln usw. Die Kinder ahmen das nach und begleiten so das Stück rhythmisch. (Sie fühlen sich in die Absichten und Bewegungen des Erziehers ein.)
2. *Seite b) „Klapper – Klatsch"* (Spieldauer: 2' 36") Die Kinder begleiten das Stück leise mit frei gewählten Instrumenten rhythmisch mit.
3. *Seite b) „Ku-Tschi-Tschi":* (Spieldauer: 2' 39") Die Kinder üben im Chor den Ausruf: „Ku-Ku-Ku-Tschi-Tschi!", begleitet vom Klatschen. Während die Musik dann läuft, tanzen und hopsen die Kinder dazu im Raum. Beim „Ku-Tschi-Tschi" bleiben sie stehen, klatschen und rufen mit wie auf der Platte (5-teiliger Ausruf). Dieses Stück spricht die Kinder offenbar besonders an. Sie tanzen es gerne zweimal hintereinander.

Material:
(als Vorschlag): Fidula Fon 1196 b/a.
1) Kindergartenmixer. Ausweitung für ein andermal: „Hüpferling" und „Hasensprung".
Seite b)
„Klapper-Klatsch"- und Instrumente
Seite b)
Ku-Tschi-Tschi.

Hinweise zur Durchführung:

Schriftelemente: Stufenförmig abgesetzte Zacken.

Farben: Schwarz; zum Weitermalen: Bunt.

Bewegungsablauf: Von links unten nach schräg rechts oben, von links oben nach schräg rechts unten.
Zu 1) „Dort auf je-nem Ber-ge,“: 6 Silben – 6 Stufenteile, Aufwärtsbewegung.
Zu 2) „sim-se-rim-sim-sim,“: 5 Silben, 5 Stufenteile, Aufwärtsbewegung.
Zu 3) „tan-zen sie-ben Zwer-ge,“: wie oben, aber in der unteren Bildhälfte.
Zu 4) „sim-se-rim-sim-sim.“: 5 Silben, 5 Stufenteile, Abwärtsbewegung.

Bemerkung: Das Thema „Edelsteine“ löst bei allen Kindern immer wieder Staunen und Interesse aus. Sie haben auch besonderen Spaß daran, bunte Flecken in ihre „Berge“ zu malen und sich dann vom Erzieher bestimmen zu lassen, was da für Steine im Berg verborgen sind!

16. Einheit: Die Kinder lernen, zwischen den hohen und tiefen auch die mittleren Töne herauszuhören u. die mittlere Tonlage richtig einzuordnen. Sie führen eine farbige Notation für die 3 Tonlagen durch.

1. Die Kinder spielen nach Handzeichen. Sie „erhören" die mittlere Tonlage (Hörerziehung):

Methodisch-didaktische Hinweise:

- Die Kinder beginnen mit 1 oder 2 bekannten Liedchen, sie verwenden dabei auch ihre Instrumente.
- Der Erzieher macht die mittlere Tonlage bewußt:
  Vorschlag: Er breitet einige Instrumente aus, die eindeutig hoch, mittel oder tief klingen. Er erzeugt stumm (in „provozierender" Form) hohe und tiefe Töne – die Kinder benennen.
- *Nun die Rassel:* ... die Kinder sind unschlüssig: Ist sie hoch oder tief? Eigentlich keines von beiden. Dieser Ton ist „halbe/halbe", er ist *„mittel"*.
- *Der Erzieher nennt Tiere:* Mit welchen Instrumenten könnte man sie spielen? (Tief: Bär, Kuh ... Mittel: Hund, Elefant, Krähen ... Hoch: Schlangen, Vögel, Schweinequieken ...)
  Die allgemeinen Begriffe werden nun also mit Tierstimmen verbunden. Die Situation kann *Anlaß zum Erzählen und Diskutieren* werden: Z. B.: Das Ruffeln von Schweinen ist „mittel", ihr Quietschen „hoch". Hundegebell kann tief oder mittel klingen ... usw.

Material:
Instrumente

Material:
Vorschlag: Für „tief": Tamburin, Trommel ... *Für „hoch":* Triangeln, helle Schellen.
Für „mittel": Gefüllte Dosen, Rasseln, Klanghölzer ...

2. Die Kinder spielen nach Handzeichen mit den Instrumenten in 3 Tonlagen:

Methodisch-didaktische Hinweise:

- Der Erzieher spielt ein Instrument nach dem anderen an; die Kinder bestimmen die Tonlage und wählen sich ihr Instrument aus.
- Es werden 3 Gruppen für tief, mittel und hoch gebildet. Dann spielen sie nach verbalen Anweisungen des Erziehers: „Es spielen alle hohen" ... „nun alle mittleren" ... „alle tiefen ..."
- Tierstimmen werden in den einzelnen Tonlagen „ausgedrückt": Einzelne Kinder nennen Tiere – welche Gruppe hat die passenden Instrumente dazu? Während des Spiels: Mitbellen, zwitschern, brummen ...
- *Das Handzeichen* für „mittel" wird eingeführt: Die Hand wird in Brusthöhe gehalten. Spiel nach Anweisung: Hand oben, unten oder in Brusthöhe – die Kinder der jeweiligen Gruppe spielen. Bewegungen werden in Töne umgesetzt.
- **Variation:** Der Erzieher weist beidhändig 2 Gruppen gleichzeitig an. Z. B.: Rechte Hand oben, linke in der Mitte: Es spielen die „hohen" und „mittleren". Oder: Rechte Hand unten (tief), linke Hand in Brusthöhe (mittel) – es spielen die entspr. Gruppen. Neben den Doppelklängen können auch „3-Klänge" angewiesen und gespielt werden.

Material:
Alle vorhandenen Instrumente.

3. Es wird eine graphische Notation durchgeführt:

Methodisch-didaktische Hinweise:

- Der Erzieher spielt mit 3 eindeutig zuordnungsbaren Instrumenten in den 3 versch. Tonlagen (jede einzeln geben), die Kinder malen in der passenden Farbe und in der Länge des angeschlagenen Tones ins Heft. Auch Staccato und Legato soll in der Linienführung erkennbar sein (aber ohne „Laut" und „Leise") (siehe rechte Seite).

Material:
Notenmalhefte, gelbe, rote und schwarze Farbe.

Für den Erzieher:
Tamburin, Rassel und Triangel o. ä.

Hinweise zur Durchführung:

Der Erzieher spielt die Instrumente einzeln an, die Kinder malen in der Länge des angeschlagenen Tones im Heft in freien Schwingungen mit.

Für hohen Ton: Gelb. *Für mittleren Ton:* Rot. *Für tiefen Ton:* Schwarz.

Legato wird in durchgehenden Linien gemalt, Staccato in gehackten Tönen, die man durch das Klopfen auf dem Papier hört.

Zum Schluß können die Kinder ihre Partituren tauschen und abspielen.

17. Einheit: Die Kinder spielen in 3 Tongruppen über dirigierende Zeichen und den Tonstufen eines Liedes entsprechend. Sie lernen ein neues Lied kennen und führen eine weitere Notation durch. Nebenbei: Rhythmische Einlage mit Raumorientierung:

1. Die Kinder spielen mit den Instrumenten nach Handzeichen und singen ein Lied mit wechselndem Gruppeneinsatz.

Methodisch-didaktische Hinweise:

- Die Kinder holen sich Instrumente nach freier Wahl. Jedes bestimmt selbst die Tonlage und geht in die entsprechende Gruppe (der Erzieher zeigt vorher den Platz für jede Gruppe).
- Der Erzieher zeigt mit 1 oder 2 Händen bestimmte Tonlagen, die betreffende Gruppe spielt. Die zeigende Hand weist nun auch an, ob laut oder leise, gehackt oder gebunden gespielt werden soll.
- Das Lied wird gespielt: „Dort auf jenem Berge . . .“
  Vorschlag: Der Erzieher stellt sich wie ein Dirigent vor die 3 Gruppen. Während alle singen, spielen nach Handzeichen nacheinander erst die „tiefen“, dann die „mittleren“, dann die „hohen“. Je 2 aufeinanderfolgende Töne werden mit den gleichen Instrumenten gespielt. In der letzten Zeile ist es das gleiche Verfahren, nur umgekehrt.

Material:
Die bekannten Instrumente.

Vorschlag:
Die Melodie steigt 3 x von tief nach hoch, dann fällt sie ab (im Quintraum). Musikalisch dargestellt:
„Tief“ spielt: c-d-
„Mittel“ spielt: e-f-
„Hoch“ spielt: g-g usw.
Zum Schluß: „Hoch“: g-f-
„Mittel“: e-d- „Tief“: c-c.

Bemerkung:
Dieser wechselnde Instrumentaleinsatz in so rascher Tonfolge bereitet anfangs Schwierigkeiten, da die Kinder sehr konzentriert sein müssen. Führen Sie dieses Spiel ohne betontes Üben aus – an anderen Liedern wird im Laufe der Zeit ähnliches versucht – in etwa einem halben Jahr reagieren die Kinder erfahrungsgemäß durch die vielfältigen Spiele und Übungen dann recht sicher und rasch.

2. In Vorbereitung auf ein Dynamisches Notenbild wird ein neues Lied gelernt: „Sonne, liebe Sonne“ . . .

Methodisch-didaktische Hinweise:

- Das Liedchen ist meist schon bekannt. Es ist in Text und Melodie leicht einprägsam.
  Motivationsmöglichkeit: Auf das augenblickliche Wetter eingehen . . . Das Lied wird beim Singen durch Bewegungen interpretiert (Sonne herbeiwinken, Regen abwehren, lobend klatschen, ausbreitende Armbewegung für die herauskommende Sonne usw.).
- **Rhythmisches Spiel im Raum:** Hoch – mittel – tief: Die Kinder singen das Lied: „Sonne, liebe Sonne . . .“ und laufen dabei im Raum herum. Der Erzieher oder ein Kind schlagen zwischenhinein plötzlich ein Instrument an, daraufhin sollen alle Kinder der Tonlage des Instrumentes entsprechend sich einordnen: *Beim hellen Ton* springen alle auf ein hohes Möbel (Tisch, Kommode, Turngerät, Fensterbank . . .). Beim mittleren Ton (z. B. Rassel) springen alle auf Stühle und Bänke, beim tiefen Trommel- oder Tamburinton kriechen alle unter die Tische oder dergleichen. Ständiger Wechsel der Tonlage, auch des Liedes beim Herumlaufen, beleben die bei den Kindern sehr beliebte Sache.

Melodie:

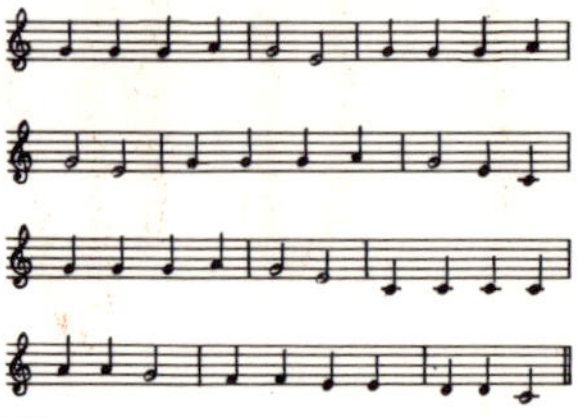

Text:
„Sonne, liebe Sonne; komm ein bißchen runter, laß den Regen oben! Dann wollen wir dich loben. Einer schließt den Himmel auf, kommt die liebe Sonne raus.“

Material:
3 Instrumente verschiedener Tonlage. Mobiliar.

3. Eine Notation wird durchgeführt.

Methodisch-didaktische Hinweise:

- Die Kinder erlernen einen kleinen Sprechtext.
- Sie stoßen beim Sprechen rhythmisch in die Luft.
- Durchführung: s. rechte Seite.

Material:
Malhefte, rote, gelbe u. schwarze Farbe.

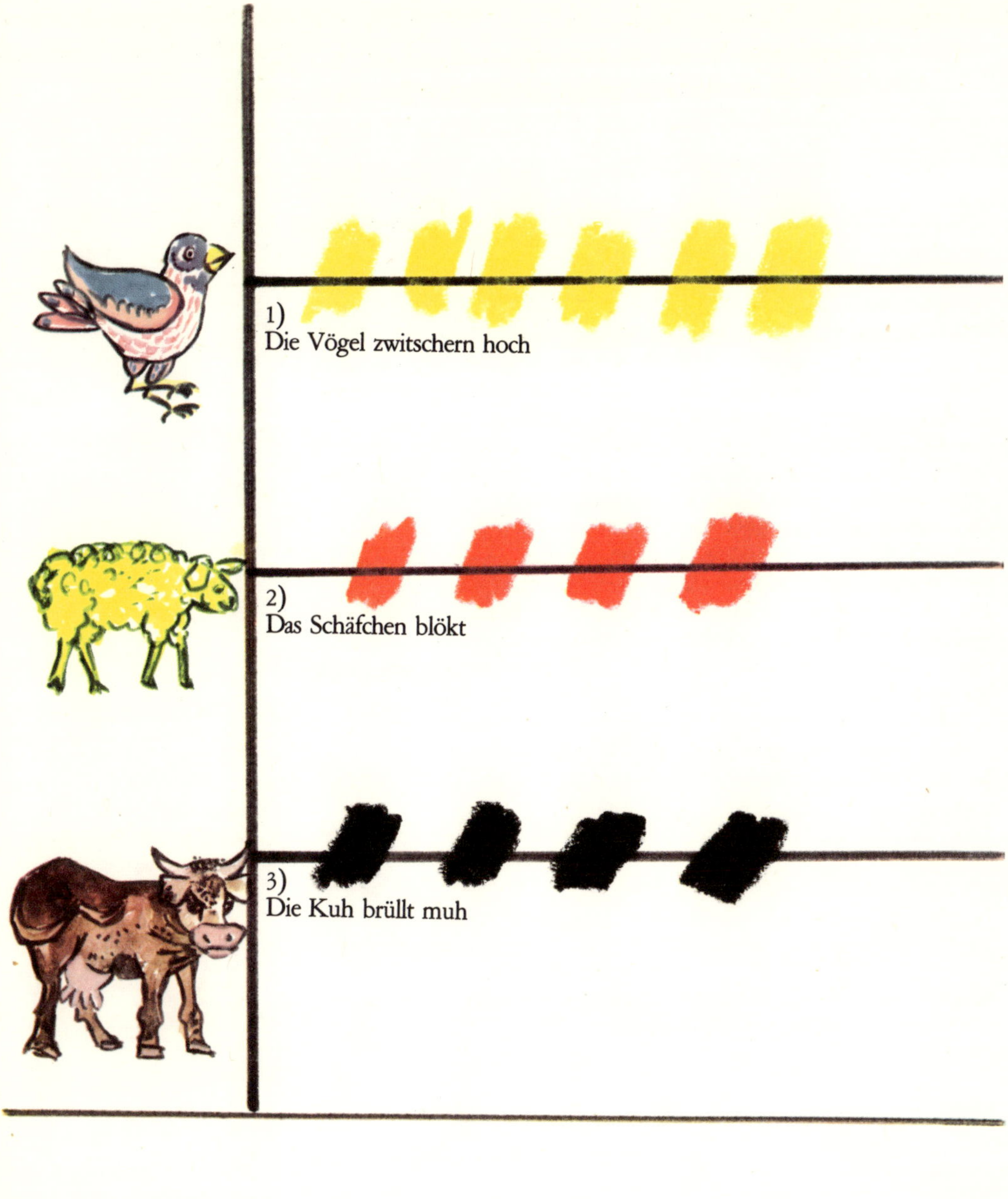

Hinweise zur Durchführung:

Farben: Rot, gelb, schwarz – zum Ausmalen weitere Farben.

1. Der Sprechtext wird gelernt und in der großmotorischen Phase in Silbeneinheiten rhythmisch mit der Faust in die Luft gestoßen.
2. Die Kinder teilen die Heftseite in 4 Teile, indem sie 3 waagrechte Linien ziehen. Der Erzieher gibt genaue Anweisung: Mit Schwarzstift wird die Seite erst in der Mitte, dann jede dieser Hälften wieder in der Mitte waagrecht halbiert. Die 3 Linien entsprechen den 3 Tonlagen.
3. **Durchführung:** Zu 1) Die Kuh und ihre Lage unten entsprechen dem „Tief". 4 Silben entsprechen 4 schwarzen Flecken.
   Zu 2) Mittlere Lage: 4 Silben entsprechen 4 roten Flecken.
   Zu 3) Hohe Lage: 6 Silben entsprechen 6 gelben Flecken.
4. Zum Schluß malen die Kinder neben jede Linie das passende Tier.

18. Einheit: Die Kinder setzen auf die Handzeichen des „Dirigenten“ ihre Instrumente an einem neuen Lied in den drei Tonlagen passend ein. Sie malen ein neues Dynamisches Notenbild.

1. Die Kinder erlernen ein neues Lied und üben mit Instrumenten gesondert das „Tick-tack, tick-tack“ . . .

Material:
Instrumente.

Text und Noten:

1. Große Uhren gehen tick, tack, tick, tack.
2. Kleine Uhren gehen tick, tack, tick, tack, tick, tack, tick, tack.
3. Taschenuhren gehen tik-ke, tak-ke, tikke, takke, tikke takke, tick.

Methodisch-didaktische Hinweise:
- Durch Vorsingen und Nachsingen übt der Erzieher das Lied „Große Uhren gehen tick-tack“ . . . ein.
- Der Erzieher teilt an die Kinder die Instrumente aus und bildet wieder drei Gruppen nach „tief“, „mittel“ und „hoch“.
- Einleitende Spielübungen auf Handzeichen.
- Die Kinder singen und setzen jeweils beim „Tick-tack . . .“ zusammen rhythmisch die Instrumente ein (aber leise!).
- Das Tick-tack im Terzsprung wird auf jeweils zwei Tonlagen verteilt: Große Uhren: mittel-tief-mittel-tief. Bei den kleinen Uhren: hoch-mittel-hoch . . . Bei den Taschenuhren: nur hoch . . .
- Die Kinder können auch eine „Partitur“ für das „Tick-tack“ mit Stäben, Klötzen o. ä. legen, etwa: Roter Stab-dunkler-roter-dunkler. Dann: Gelb-rot-gelb-rot, oder gar: gelb, gelb-rot, rot-gelb, gelb, -rot, rot usw.
- Klötze, Stäbe, Klammern o. ä. in 3 Farben für „hoch“, „mittel“ und „tief“ können gemeinsam ausgelegt und abgespielt werden.

Material:
Bunte Klötze, Fröbelstäbchen, Wäscheklammern u. ä.

2. Die Kinder singen und spielen das ganze Lied.

Methodisch-didaktische Hinweise:
- Der Erzieher steht wie ein Dirigent vor den Kindern, die Kinder singen und setzen auf Handzeichen beim Tick-tack die passenden Instrumente ein.
- Wiederholung des Liedes: „Dort auf jenem Berge . . .“ ebenfalls mit Instrumentaleinsatz (siehe früheres Stundenbild).

3. Die Kinder malen ein neues Dynamisches Notenbild

Material:
Notenmalhefte, gelbe und schwarze Farben; zum Ausmalen bunte Farben.

Methodisch-didaktische Hinweise:
- **Motivation:** Begegnung zwischen Wolf und Schäfchen. (Dramatisierung – den Wolf kennen wir ja schon.) *Sprechanlaß* ausbauen: Wo leben Wölfe? Was fressen sie? Wer hat schon welche gesehen? Wann reißen sie auch Schafe? Ist der Wolf immer der „Böse“?
- Die Tiere werden großmotorisch mit Bewegungen unterstrichen, rhythmisch betont: Den Wolf in willkürlichen Zacken (schon bekannt), das Schäfchen in abgerundeten, streichelnden Bewegungen und weichen Schleifen. Die Schleifen müssen in ihrer rhythmischen Zuordnung besonders geübt werden.
- Die „Begegnung“ wird unter Begleitung der Hände geschildert.
- Ein Dynamisches Bild wird wegen der Raumaufteilung gezeigt und „abgesprochen“. Dann wird das Bild, groß- und feinmotorisch vorbereitet, anschließend zeilenweise mit den Kindern wieder durchgeführt.
- Zum Schluß wird das Motiv ausgemalt.

1) Da schleicht der wilde Wolf herum!

2) Der sieht ein weiches Schäfchen

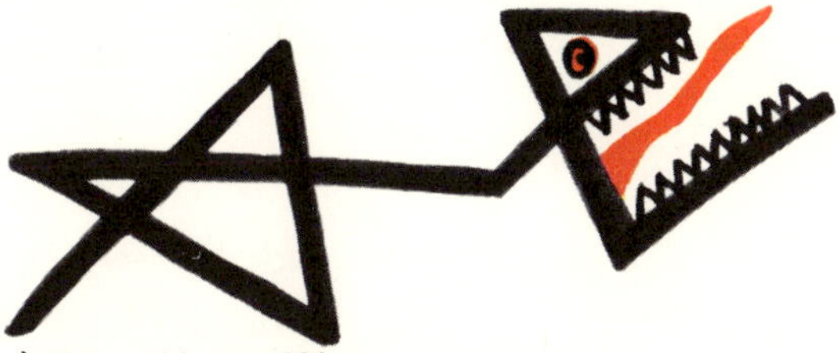

3) Der wilde Wolf kommt leise her;

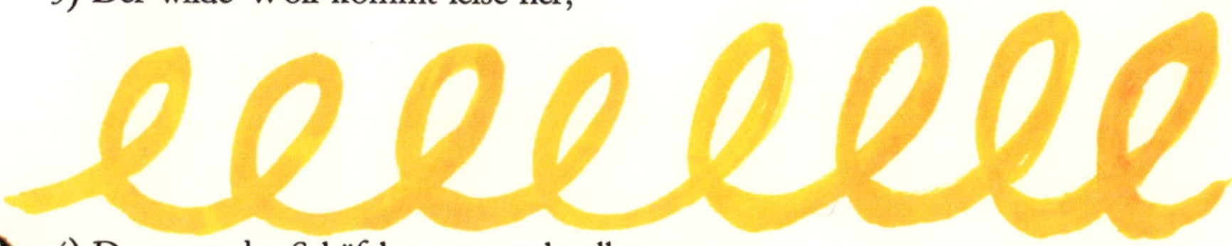

4) Da rennt das Schäfchen ganz schnell weg

Hinweise zur Durchführung:

Schriftelemente: Schleifen und unregelmäßige Zacken.

Farben: Gelb und Schwarz. Zum Ausmalen weitere Farben.

Bewegungsablauf: Von links nach rechts im Zeilenablauf.
Zu 1) Der Wolf wird (wie vorher beim Motiv „Wolf und Schlange") in wechselnden Zackenteilen gemalt: 8 Silben – 8 Zackenteile.
Zu 2) Während des Sprechens entstehen rhythmisch entsprechende Schleifen. (Großmotorisch durch Streichelbewegungen und Schleifen vorbereitet) 7 Silben – 7 Schleifen.
Zu 3) Wie 1)
Zu 4) 8 Silben – 8 Schleifen.

19. Einheit: Die Kinder erlernen ein neues Lied. Sie bewegen sich rhythmisch im Raum (Katzenspiel) und führen ein Dynamisches Notenbild durch.

1. Die Kinder erlernen ein neues Lied und spielen rhythmisch mit den Instrumenten dazu:

Methodisch-didaktische Hinweise:
- Singen und Spielen mit bekanntem Liedgut.
- Neues Lied: A-B-C, die Katze lief im Schnee . . . Das Lied ist vielen bereits bekannt. Das erleichtert die Durchführung des Dynamischen Notenbildes.
- Das Lied wird mit den Instrumenten begleitet.
- **Melodie- und Textinterpretation:** (mit den Instrumenten). **Vorschlag:** „A-B-C": Mit der Melodie aus den Hocke hochsteigen. „Die Katze lief im Schnee": Mit der Melodie abwärts . . . „Und als sie . . ." bis: „. . . hat sie weiße Stiefel an": Der rechts angegebene Melodieverlauf (eine Variante der üblichen Fassung) bietet sich hier günstig an: Die Katze „buckelt" – die Instrumente werden in buckelnder Wellenform während des Spieles und Herumgehens bewegt. „O jemine . . ." Aus der Hocke („O") springen die Kinder hoch (bei „je" sind sie oben). Letzte Zeile: Langsam mit der Melodie absteigen.

Material:
Die Instrumente wie stets.

Text:
A-B-C, die Katze lief im Schnee. Und als sie wieder rauskam, da hat sie weiße Stiefel an! O jemine, o jemine, O jemine o je.

Andere Fassung:
Statt: „O jemine . . ." Wieder: „A-B-C, die Katze lief im Schnee".

2. Die Kinder bewegen sich in einem „Katzenspiel" rhythmisch im Raum

Methodisch-didaktische Hinweise:
- Wir verwandeln uns in neugierige Katzen. Alle laufen, schleichen und krabbeln im Raum herum.
- Die Katzen werden nun von Instrumenten „dressiert": *Sprechanlaß:* Worterklärung zu „dressieren". Wo werden Tiere dressiert? (Zoo, Zirkus . . .). Was sollen die Tiere da lernen? Welche Tiere: (Z. B.: Pferde, Hunde, Elefanten, Großkatzen, Seehunde . . .) Die Kinder sollen genügend Zeit für Erlebnisberichte und Fragen haben können.
- **Durchführung des „Dressurspieles":** Es werden Zeichen vereinbart, auf die die „Katzen" reagieren: Erst spielt der Erzieher den Dompteur, dann auch die Kinder untereinander. **Vorschlag** zu den „Dressurzeichen": *Kurzer, tiefer Tamburinschlag:* Alle Katzen ducken sich tief hinab.
  Etwas länger geschüttelte Rasselbüchse: Alle knien und halten „die Pfoten" hoch (Männchenmachen).
  Ausgiebig lang geschüttelte Schelle: Alle Katzen springen hoch und stehen. Zwischen den Zeichen krabbeln die Kinder frei herum.
- **Variante:** *Ton tief und kurz:* Alle krabbeln *unter* den Tisch. *Ton mittel und länger:* Alle setzen oder kauern sich *auf* einen Stuhl. *Hoch und lang:* Alle stehen *auf* dem Stuhl oder Tisch. Die Kinder koordinieren so die Tonlänge und Tonlage des Instrumentes mit bestimmten Bewegungsabläufen und Begriffen wie: Auf, unter, über . . .

Melodie:

In der einfachen Fassung wird nicht die Melodie der 3. Zeile verwendet, sondern die der 1. Zeile. Melodie und Text der 3. Zeile entsprechen also hier der ersten.

Material:
Mobiliar; Tamburin, Rassel und Schelle oder 3 ähnliche Instrumente mit dem „Tief"-Mittel"- und „Hoch"-Kontrast.

3. Die Kinder führen ein Dynamisches Notenbild durch:

Allgemeine Hinweise:
- *Die großmotorische Vorbereitung* (s. 1, 4. Absatz) wird beim nochmaligen Singen auf Handbewegungen übertragen. (Auf- und Abbewegung, Hochspringen, Wellen ziehen . . .)
- Am fertigen Dyn. Notenbild werden Raumaufteilung und Farben besprochen. Das Lied wird „abgesungen".
- Durchführung (s. rechte Seite) im üblichen Verfahren.

Material:
Notenmalhefte. *Farben:* Schwarz (Linien), blau: (Schnee). Grau: (Katze). Sonstige Farben zur Ergänzung.

Hinweise zur Durchführung:

1) **Schriftelemente:** Zacken, Wellen, kleinmotorisch geführte Kreise.

Farben: Schwarz (für die Dynamischen Linien), dazu blau, grau und evtl. weitere ergänzende Farben zum Ausmalen des Schnee- und Katzenmotivs.

Bewegungsablauf: Zeilenweises Vorgehen im Links-Rechts-Ablauf. Bei 1), 5), 6) von unten nach oben, bei 2) und 7) von oben nach unten, bei 3) von links nach rechts.

Zu 1) Auf jeden Buchstaben wird 1 Linie geschwungen, von unten nach oben.
Motivation: Die Katze springt hinauf. (Körper: Hocke, halb hoch, oben.)

Zu 2) **Großmotorisch:** Mit den Fingern in der Luft abwärtstrippeln. Zuerst wird dann ein Abhang gemalt (s. o.). Darauf trippelt die Katze herab. Auf jede Silbe des Textes 1 Schrittchen: 6 Silben – 6 kleine Kreise (Fußstapfen).

Zu 3) und 4) **Motivation:** Die Katze macht Buckel und weiche Sprünge. Mit der Hand in der Luft; dann im Heft: Ansatz am Wellenberg (Hoher Ton). Dann ins Wellental bis zum tiefsten Ton („raus-"), dann wieder in die Höhe (bei „da") und erneut hinab („Stie-"), dann hinauf mit den Worten: „-fel an".

Zu 5) ‚O' (Hocke!) = ein kleiner Kreis. ‚jemine': (Hochspringen!): Jede Silbe 1 Zackenstrich, schwungvoll nach oben gemalt. Zu 6) wie 5).

Zu 7) **Motivation:** Sie trippelt einen Hang (oder Brett o. ä.) hinab: Schritt für Schritt, pro Silbe (6) 1 kleinen Kreis.

Zum Schluß malen die Kinder eine Katze, Schnee, einen Schneemann und dergleichen.

20. Einheit: Die Kinder hören mehrmals hintereinander die gleiche klassische Musik und setzen sie beim Zuhören auf großen Papierbögen an der Wand oder auf dem Boden in Farben und Bewegungen um.

1. Die Kinder werden in den Inhalt des Konzertausschnittes eingeführt.

Material:
„Die vier Jahreszeiten" von Antonio Vivaldi.
Gehört wird: „Der Frühling", Concerto Nr. 1 E-dur, Allegro.

Methodisch-didaktische Hinweise:

- **Hinführung:** Heute spielen wir nicht selbst mit unseren Instrumenten, sondern hören uns eine Schallplatte an. Die Musik erzählt uns etwas vom Frühling ... Der Erzieher beschreibt die Musik: Es ist draußen warm – die Sonne scheint, Frühlingsblumen blühen (welche ...), die Vögel zwitschern ...
  Plötzlich kommen dicke Wolken, ferner Donner grollt, das Gewitter kommt immer näher ... es donnert und blitzt ... dann zieht das Gewitter langsam wieder ab. Nun klingt alles wieder freundlich, die Vögel beginnen wieder zu zwitschern, die Sonne drängt zwischen den Wolken durch, es ist wieder ein schöner, warmer Frühlingstag – und nach dem Gewitter riecht und duftet alles besonders gut.
  (Die Kinder können zum Miterzählen angeregt werden.)
- *Der genannte Konzertausschnitt wird zum ersten Mal vorgespielt.*
  Der Erzieher kommentiert nebenher leise noch einmal die Bedeutung der einzelnen Passagen und artikuliert den Gehalt auch durch leichte Kopf- und Handbewegungen.
  Anschließend kann man eventuell genauer benennen: Mit welchen Instrumenten werden die Vögel, ihr Gesang, Freude, Sonne gespielt? Mit welchen das aufkommende Gewitter?

2. Wir hören die Platte ein zweites Mal an:

Methodisch-didaktische Hinweise:

Alle Kinder bewegen die Hände mit: In ruhigen Schwingungen, leise und behutsam, dann laut und kräftig.

Vertiefung: Wir taktieren und schwingen mit Buntstiften in der Hand: Bei hohen Tönen mit gelber Farbe, bei tiefen ... Es können auch alle drei Farben gleichzeitig bei volltönendem Orchester gehalten werden.

Material:
Große Bögen Papier und gelbe, rote und schwarze Farbe. (Eventuell auch lange Wandtafeln, die mit bunter Kreide bemalt werden.) Unter Umständen kann dies auch ins Musikmalheft gemalt werden: Doppelseite, und diese durch etwa drei waagrechte Linien in vier breite Zeilen aufgeteilt. Malablauf hier: „Links/rechts zeilenweise nach unten. Auf den großen Bögen am Boden wird nicht in Zeilen unterteilt – nur groß von links nach rechts gemalt, zumal mehrere Kinder gleichzeitig daran arbeiten.

3. Die Kinder malen die Musik mit:

Methodisch-didaktische Hinweise:

Die Platte wird ein drittes Mal angehört. Je zwei bis vier Kinder arbeiten an einem Papierstreifen, am besten auf dem Fußboden, und verwenden nun Farben und Linien entsprechend ihren Empfindungen, die sie aus der Frühlingsmusik beziehen.

Bewegung: großmotorisch – auch beidhändig, wenn mehrere Farben gleichzeitig nötig sind.

1)

2)

3)

Hinweise zur Durchführung:

Zu 1) Heitere Frühlingsstimmung, Sonnenschein . . . in hellen Farben.

Zu 2) Das Gewitter zieht heran, wird immer lauter, dunkler; mit Blitzen, Donner und Regen (in immer dunkleren Farben gemalt).

Zu 3) Das Gewitter klingt ab. Die Sonne, die Frühlingsstimmung werden immer stärker, die Farben also wieder fröhlicher, heller.

Zum Schluß wandern die Gruppen zu den Bildern der anderen Kinder und sprechen über ihre Eindrücke („man sieht, wie die dunklen Wolken kommen; und hier . . .“).

21. Einheit: Die Kinder spielen in 3 Tongruppen über dirigierende Zeichen rhythmisch und den Tonstufen des Liedes entsprechend. Sie erlernen ein neues Lied und führen ein Dynamisches Notenbild durch.

1. Die Kinder erhalten die Instrumente und spielen nach Handzeichen zwei Lieder

Methodisch-didaktische Überlegungen:

- Der Erzieher gibt die Instrumente aus – die Kinder bestimmen die Tonlage.
- Spiel in 3 Gruppen (tief – mittel – hoch). Der Erzieher ist der „Dirigent". Vorschlag zum Liedgut: „Große Uhren gehen tick-tack . . ." und „Dort auf jenem Berge . . ." (Die Kinder vertiefen hier ihr Konzentrationsvermögen und Einfühlungsvermögen durch genaues Hinhören auf die Tonhöhe und durch das Reagieren auf Handzeichen bei gleichzeitigem Singen.

2. Sie erlernen ein neues Lied – diesesmal auf Englisch

Methodisch-didaktische Hinweise:

- **Impuls:** „Wir kennen bereits ein Lied in einer fremden Sprache" . . . (französisch: „Frère Jacques . . ."), „nun wollen wir mal ein Lied in einer „noch anderen" Sprache kennenlernen!" (Die Kinder sagen hier meist: Englisch, italienisch, spanisch . . .).
  Unser Lied ist englisch. (Erzählen, wo man diese Sprache spricht – vielleicht auch etwas auf Englisch sprechen, in den Klang einfühlen lassen.)
- Der Erzieher bringt den Kindern über Vor- und Nachsingen das Lied bei: „Old MacDonald had a farm, EIEI O . . ."
- Rhythmischer Einsatz ohne Instrumente, aber durch wechselndes Klatschen, Stampfen, Klopfen betont. (Die Kinder sollen erneut auch fremde Sprachklänge kennenlernen, sich darin im Lied einfühlen und die fremde Sprache als solche „zur Kenntnis nehmen".)

3. Die Kinder malen ein Dynamisches Notenbild:

Methodisch-didaktische Überlegungen:

Lied: „Sonne, liebe Sonne, komm . . ."

- Das Lied wurde bereits gelernt. Es wird nun gesungen und dabei großmotorisch interpretiert (s. v.) durch Klatschen, ausbreitende Bewegungen, Winken.
- Das Bild wird wegen der Raumaufteilung betrachtet und „abgesungen". Der Erzieher kommentiert die Zeilen schon vorbereitend (s. u.) in plastischer Weise. Z.B.: Wir „werfen" mit dem ganzen Arm beim Singen die Sonnenstrahlen heraus. Die Wolken werden in Arkaden mit der Hand geformt. Damit der Regen nicht aus den Wolken herausfällt, werden sie dann auf der unteren Hälfte „zugedeckelt". Eine „Blumenkohlwolke" nach dem Gewitter wird geformt, aus ihren Rändern drängen Sonnenstrahlen hervor (letzte Zeile).
- Zeilenweise wird das Dynamische Notenbild wieder gemeinsam gemalt, jeweils erst großmotorisch, mit Kommentaren, dann im Heft, wobei alle im Chor gemeinsam sprechen und malen oder jeder für sich spricht. Wie immer wollen wir nicht sklavisch an der Anzahl der einzelnen Elemente hängen. Sind alle Teile da, ist es gut, ansonsten soll das Kind Worte suchen, die überschüssige Schriftelemente aufwiegen oder fehlende evtl. ergänzen.

Instrumente:
Alle bisher verwendeten.

Zu 2.: Vorschlag:
„Old MacDonald had a farm . . ."
Es kann auch ein anderes geeignetes Lied verwendet werden. Wer den englischen Text nicht kennt, kann auch die deutsche Fassung verwenden: „Onkel Jörg hat einen Bauernhof . . ." Dieses Lied (auf englisch) sollte in der nächsten Zeit immer wieder gesungen werden, damit sich die fremden Laute einprägen.

Text:
Old Mac Donald had a farm, E I E I O. And on his farm he had some chicks, E I E I O. With a chick chick here and a chick chick there, here a chick, there a chick, everywhere a chick chick . . . Old Mac Donald had . . . E I E I O.

Weitere Verse:
2. . . . he had some ducks (quak, quak . . .)
3. . . . he had some geese (gabble, gabble).
4. . . .he had a pig (oink, oink).
5. . . . he had a cow (moo, moo).
6. . . .he had a car (rattle, rattle)

Hinweis:
Im zweitletzten Takt kommt auf die erste Viertelnote das „every", auf die letzte halbe Note: „and" (= Hinführung zum nächsten Vers).

Material:
Notenmalhefte; Farben: Orange und blau.

Hinweise zur Durchführung:

Schriftelemente: Kreis, Schwungstriche, Arkaden, Girlanden, Arkadenkreis.

Farben: Orange (für die Sonne und die Strahlen), blau (für Wolken).

Bewegungsablauf: Zeilenweise von oben nach unten, bei den Wolken (Arkaden und Girlanden) von links nach rechts; bei Strahlen: im Uhrzeigersinn.

Zu 1) Auf Sprechlänge einen Kreis ziehen. Zu 2) 6 Silben – 6 Strahlen auf der rechten Kugelhälfte; zu 3) 6 Silben – 6 Strahlen auf der linken Hälfte (Uhrzeigersinn – die Strahlen sind nun rundherum.)

Zu 4) 6 Silben – 6 Arkaden, zu 5) 7 Silben – 7 Girlanden (die Wolken werden unten zugeschlossen, damit der Regen nicht „herausfällt").

Zu 6) 7 Silben – 7 Arkaden, die zur Wolke geformt werden.

Zu 7) Aus jeder Arkadenrille kommt ein Strahl (– 7 – im Uhrzeigersinn).

Hinweis: Die Arkadenwolke gleichmäßig zu schließen ist schwer. Sie kann im Bogen geführt und das offene Stück mit einem Strich verbunden werden.

22. Einheit: Die Kinder singen und spielen in passenden Tonlagen – sie hören eine Tierfabel als Klanggeschichte und setzen sie in einer Notation in Farben und Linien um, entsprechend staccato, legato, mittel, hoch, tief, laut und leise.

1. Die Kinder spielen und singen mit Einsatz der Instrumente bekannte Lieder.

Methodisch-didaktische Hinweise:
Die Kinder holen sich selber ihre Instrumente – nach freier Wahl – und spielen wieder in den drei Tongruppen. *Liedgut:* 1) Dort auf jenem Berge . . . 2) Große Uhren gehen tick-tack . . .
Ohne Instrumente, aber durch rhythmische Bewegungen unterstützt: 1) Sonne, liebe Sonne . . . 2) Old MacDonald . . .
Bemerkungen zum Material: siehe rechte Spalte.

Material:
Auf dem Tisch liegen die Instrumente. Das Angebot sollte möglichst groß sein. Günstig sind hier auch *Xylophone* und *Tamburine* mit Schellen am Rand. Hier verfügt das Kind an ein und demselben Instrument über gleichzeitig zwei oder drei Tonlagen.

Erläuterung zur Auswahl des Materials und Einsatzart der Instrumente:
Anfangs muß der Erzieher vielleicht den Einsatz für bestimmte Instrumente geben, dann sollen die Kinder selbst die passenden Instrumente ergreifen:
Der Bär: tiefe Instrumente, ruhig und langgezogen; beim Schnüffeln (Entdeckung des Bonbons) stoßartig.
Papagei: mittlere Instrumente, langgezogen, beim Schimpfen abgehackt.
Schwalbe: mit hohen Instrumenten, zwitschernd (gehackt,) dann langgezogen.
Bär und Schwalbe: an entsprechender Stelle immer leiser, möglicherweise auch beim Papagei in dem Augenblick, wo er vorsingt und über den Verlust des Bonbons staunt.

2. Die Kinder hören eine Geschichte, in der die Tiere auch mit Instrumenten dargestellt werden und helfen bei der Vertonung mit.

– Der Erzieher erzählt eine Geschichte in Art einer Tierfabel. Wenn bestimmte Tiere „sprechen“, werden entsprechende Instrumente eingesetzt. Jeder Erzieher kann sich eine plastische Geschichte ausdenken. Hier sei ein Beispiel in Stichworten angeführt:
Bär hinter Zoogittern (tiefe, lange Töne), oben am Gitter ein Papagei mit einem Honigbonbon in den Zehen (Krächzen in mittlerer Lage), daneben eine Schwalbe (hoch spielen, lange und kurze Töne im Wechsel). Der Papagei prahlt mit seinem Honigbonbon, die Schwalbe spottet über seine krächzende Stimme und zeigt, wie schön sie singen kann. Der Bär wittert eine gute Gelegenheit . . . das Bonbon ist schon im Schnabel des Papageis . . . da schmeichelt der Bär dem Papagei, wie schön dessen Stimme sei, er solle nochmals vorsingen. Der Papagei tut es, das Bonbon fällt aus dem Schnabel. Der Bär frißt es, der Papagei schimpft, die Schwalbe singt vergnügt, fliegt weg, ihre Stimme wird immer leiser . . . Die Kinder spielen die Geschichte mit, spätestens, wenn der Erzieher sie ein zweitesmal erzählt. Sie benützen die Instrumente, brummen, krächzen, zwitschern und äußern Gedanken.

3. Notation: Die Kinder malen die vertonte Geschichte.

Methodisch-didaktische Hinweise:
– Eine Doppelseite wird in etwa vier Zeilen geteilt. (Mittelteilung, jede Hälfte wieder geteilt.) Die Kinder malen im *Links-Rechts-Ablauf* und von der obersten Zeile kontinuierlich nach unten, wie bei Lesezeilen.
– *Der Erzieher* erzählt die Geschichte, verdeutlicht sie mit den Instrumenten und die Kinder malen gleichzeitig mit. Die Kinder setzen also die gleiche Geschichte, nun ausschließlich vom Erzieher geboten und musikalisch interpretiert, in die drei Farben, in lange „Legato-Linien“ und kurze „Staccato Linien“ um, bei „laut“ und „leise“ mit entsprechender Druckstärke und schwachem Aufdruck.
– Zum Abschluß können die Kinder einzelne Partituren austauschen und erneut erzählen und abspielen.

Material zu 3.:
Notenmalhefte, gelbe, rote und schwarze Farbe.

Bemerkung:
Die Durchführung der Notation wird noch anschaulicher, wenn der Erzieher während des Erzählens mit Handbewegungen die Linienführung andeutet: Er läßt die Hand spiralig schwingen, ruhig hin- und herwiegen, hacken, flattern usw.

Hinweise zur Durchführung:

1. Zeile: Der Bär brummt ruhig, der Papagei krächzt, die Schwalbe singt.
2. Zeile: Der Papagei prahlt – die Schwalbe spottet und führt ihre schöne Stimme vor – der Bär schnüffelt; er möchte das Bonbon haben.
3. Zeile: Der Bär schmeichelt dem Papagei, dieser krächzt etwas vor – seine Stimme bricht ab, als das Bonbon herabfällt, der Bär frißt es und grunzt zufrieden.
4. Zeile: Der Papagei schimpft, der Bär wird ganz leise und selbstzufrieden, die Schwalbe singt und lacht den Papageien aus. Sie fliegt weg – ihre Stimme wird immer leiser.

23. Einheit: Die Kinder erzeugen mit Zeitungspapier Geräusche. Diese werden mit weiteren Geräuschen kombiniert und über dirigierende Zeichen rhythmisch wiedergegeben. Ein Dynamisches Notenbild wird gemalt.

1. Die Kinder üben das englische Lied weiter, z. B. mit den Strophen von den „chicks" und „pigs" ... Ein neuer Abzählreim kommt dazu.

Methodisch-didaktische Überlegungen:

- **Singen:** „Old Mac Donald had a farm ..."
- Vorschlag eines Abzählreimes. Dieser Reim wird an sich nur auf einem Ton gesungen bzw. gesprochen. Wir können ihn aber auch in der Form einer Leiermelodie singen (in Terzsprüngen zwischen c, e und g). Variationen zu dieser Art sind dem Erzieher überlassen. Auf der rechten Seite sind 2 Möglichkeiten angedeutet, die sich auch gut auf die drei Tongruppen bei den Instrumenten übertragen lassen.

Material:
Auf Instrumente kann heute verzichtet werden, dafür werden vermehrt Klatschen und deutende Bewegungen einbezogen.

Text:
„Henriette, goldne Kette, goldne Schuh, wie alt bist du?"
Melodievariationen:

2. Die Kinder machen „Zeitungsmusik":

Methodisch-didaktische Überlegungen:

- Jedes Kind erhält 1 bis 2 Bögen Zeitungspapier. Etwa 2 weitere Bögen werden als Reserve benützt. Die Kinder setzen sich am besten darauf.
- Jedes darf ausprobieren, welche Geräusche man mit dem Papier erzeugen kann.
- **Demonstration:** Jedes Kind zeigt den anderen „sein" Geräusch. Benennen! Man kann rascheln, reißen, glatt streichen, knüllen, auf den Tisch schlagen, auseinanderstreichen usw.
- Gemeinsam werden Zeichen – Symbole vereinbart: Der Dirigent schlägt die Hände ineinander: Alle knüllen ihr Papier. Er zieht die Fingerspitzen auseinander: Alle reißen. Er deutet glättende oder schlagende Bewegungen an: Die Kinder reagieren ...
- **Oder:** Jeder darf mit dem Papier tun, was er will, aber es muß „laut" oder „leise" sein. Der Erzieher oder ein Kind gibt die entspr. Handzeichen dazu. Die Kinder setzen Zeichen in Handlungen mit dem Papier um. Die Aktion verlangt allerlei Konzentration.
- **Variation:** Die Zeitungsgeräusche können kombiniert werden mit Symbol und Wiedergabe von Klopfen, Klatschen oder Stampfen. **Beispiel:** Alle reißen – klatschen 3mal, knüllen, stampfen 3mal, rascheln, klatschen wieder 3mal und so weiter.

Material:
Für jedes Kind mehrere Bögen Zeitungspapier.

3. Die Kinder malen ein Dynamisches Notenbild:

Methodisch-didaktische Überlegungen:

- **Motivation:** Der Erzieher erzählt von Schildkröten. Das ist ein starker Sprechanlaß. Die Kinder fragen, erzählen, berichten Erlebnisse usw.
- Der Erzieher erzählt mit entsprechenden Handbewegungen eine Geschichte, wie die Schildkröte Eier legt, wie die Eier im warmen Sand ausgebrütet werden usw.
- Er zeigt den Kindern ein entsprechendes Dynamisches Notenbild (wegen der Raumaufteilung und um die Geschichte rhythmisch darzulegen durch Sprechen am Bild).
- Gemeinsame Vorbereitung und Durchführung:
  1. Großmotorisch 2. Feinmotorisch im Heft, unterstützt durch Demonstration des Erziehers und gemeinsames rhythmisches Chorsprechen während des Malens.
- Zum Schluß wird eine Schildkröte gemalt (o. ä.).

Material:
Die Notenmalhefte, braune, grüne und gelbe Buntstifte.

Hinweise zur Durchführung:

Schriftelemente: Kreise und Halbkreise (Eiformen), Girlanden.

Farben: Grün: Schildkröte. Braun: Sandloch, Eier. Gelb: Sand.

Bewegungsablauf: Zeilenweise von links nach rechts. Im Uhrzeigersinn (1–7).

Zu 1) Kreisförmige Bewegung in Sprechlänge als Leib bzw. Panzer des Tieres.
Zu 2) „kriecht": In Sprechlänge wird der Kopf mit 1 Linie gezogen.
3) bis 7) „ei-ne Schild-krö"- auf jede Silbe 1 Beinchen. 7) „-te": Schwanz. Dieser Bewegungsablauf soll flüssig großmotorisch vorbereitet werden.
Zu 8) Mit den 6 Silben werden 6 Girlanden bzw. Halbkreise in einem größeren Halbkreis angeordnet. Es ist das „Loch".
Zu 9) 7 Silben – 7 runde Eier – auf jede Silbe 1 Ei.
Zu 10) 1-silbige Wörter bestehen aus 1 Girlande (u-Form), 2-silbige haben 2 aneinanderhängende Girlanden, das letzte, 3-silbige Wort besteht aus 3 zusammenhängenden Girlanden.

Zum Schluß bekommt die Schildkröte ein Muster auf den Panzer, dazu Maul und Augen. Es kann auch ein neues Tier gemalt werden, dazu Eier, Junge ... Dieses Thema macht den Kindern erfahrungsgemäß sehr Spaß.

24. Einheit: Die Kinder hören Wortmelodien heraus mit betonten und unbetonten Silben. Sie erhören Wörter mit bestimmten Silbenanzahlen und ummalen entsprechende Bilder. Namen werden mit verschiedener Druckstärke entsprechend betonten und unbetonten Silben gemalt.

1. Die Kinder spielen und singen:

Material:
Instrumente wie sonst.

Methodisch-didaktische Hinweise:

– Gruppen nach 3 Tonlagen bilden, dazu der Dirigent. *Liedgut:* U. a.: „Old MacDonald ..." mit „some geese ..."; weiteres Liedgut nach Kinderwunsch.

2. Hörerziehung: Die Kinder hören die Anzahl der Silben in ihren Namen heraus.

Methodisch-didaktische Hinweise:

– Wir sitzen im Kreis, jedes Kind sagt seinen Vornamen, dabei klatscht es rhythmisch mit, beispielsweise: Ralf – einmal; Ma-rei-ke – dreimal; Tho-mas – zweimal; Ul-ri-ke – dreimal.

– **Laufspiel in die Ecken:** Der Erzieher oder ein Kind gehen in die erste Ecke, klatschen einmal – alle Kinder mit einsilbigen Namen laufen dorthin. In der zweiten Ecke klatscht der Erzieher oder ein Kind zweimal – alle Kinder mit zweisilbigen Namen laufen dorthin. Dritte und vierte Ecke analog ... Ebenso können die Kinder an ihre Plätze zurückgeklatscht werden.

Bemerkungen zum Wortgebrauch: Man benütze nicht das Wort „Silbe", sondern: „Wie oft kann man hier klatschen?" Bei allen Klatschspielen, die der Reihe nach gehen, ist gute Einordnung nötig – abwarten, wer dran ist. Auch rücksichtsvolle Korrekturen der Kinder untereinander fördern.

3. Hörerziehung und Notation an einem Arbeitsblatt mit ein- oder mehrsilbigen Namen

Methodisch-didaktische Hinweise:

– **Gruppenarbeit:** Der Erzieher gibt jedem Kind ein Arbeitsblatt. Frage mit einschließlicher Kinderaktivität: „Welches Tier hat einen Namen, bei dem man einmal (zweimal, dreimal) klatscht?"

– Die Kinder *ummalen* einsilbige Tiernamen rot, zweisilbige grün, dreisilbige blau. (Tiernamen als Bilder.) **Hinweis:** Manche Tiere haben verschiedene Namen: Huhn und Henne, oder Hahn und Gockel ... Hund und Schäferhund ... Im ersten und 2. Fall wird eben rot *und* grün, im dritten Fall rot *und* blau umkreist.

Material:
Ein Blatt mit Tierabbildungen oder Fahrzeugen. Vorschulische Arbeitsblätter bieten ähnliche Motive. Auch selbst gezeichnete Bilder mit Tiermotiven oder Tierlexika finden Anwendung.
Die Tierabbildungen stellen eine *Sprechanregung* dar. Die Kinder sollen sich frei äußern, erzählen oder fragen.

4. Notation: Die Kinder hören die Sprechmelodie heraus und unterscheiden auch nach laut und leise entsprechend betont und unbetont.

Methodisch-didaktische Hinweise:

– Wir klatschen die Tier- oder Eigennamen und zwar so, wie wir rufen: Beispielsweise: *Her*-mann, *U*-li, *Mo*-ni-*ka*. (Man kann anfangs provozierend in falscher Betonung rufen. Die Kinder korrigieren sogleich und finden die Melodie leichter heraus.)

– **Einzelarbeit in Demonstrationsform:** Jedes Kind darf den anderen zeigen, wie es heißt: Mit druckbetontem und schwachem Strich setzt es die Rufmelodie seines Namens an die Tafel. Oder: Alle versuchen es gleichzeitig, der Erzieher hilft anfänglich auch mit.

– Gemeinsam malen wir stückweise Namen und Rufe ins Heft, möglicherweise auch ein Kind jeweils an der Tafel.

– Abschluß: (auch nach 3) einfügbar!): Die Kinder malen das Arbeitsblatt an, wobei auch die passenden Farben beachtet werden sollen; falls ein Tierlexikon vorhanden: Gespräch über Tiere am Bild.

Material:
Arbeitsblätter und Farben werden weggelegt.

Material:
Tafel und Kreide, dann: Notenmalheft und rote Farbe.

Hinweise zur Durchführung:

1. **Obere Bildhälfte:** Die Bilder dieses Buches geben nur Anregungen. Sie können betrachtet und besprochen werden. Ein Arbeitsblatt, das jedem Kind zur Verfügung stehen soll, läßt sich nach dieser oder ähnlicher Vorlage leicht malen und umranden. Hier sind alle 1-silbigen Namen rot, die 2-silbigen grün, die 3-silbigen blau gemalt (4-silbige z. B.: gelb). Die ganze Aufgabe wirkt stark sprechanregend.
2. **Obere Bildhälfte:** Mit rotem Wachsmalstift werden im Notenmalheft die betonten und unbetonten Silben mit starkem oder schwachem Druck gemalt. Die Namen sind Vorschläge und können verändert oder erweitert werden – entsprechend den Vorstellungen der Kinder.

25. Einheit: Die Kinder singen und spielen. Sie bewegen sich rhythmisch im Raum. Ein Dynamisches Notenbild wird gemalt.

1. Die Kinder singen und spielen mit ihren Instrumenten. Sie lernen ein neues Lied und stellen es rhythmisch dar:

Methodisch-didaktische Hinweise:

- Die Kinder teilen sich in 3 Gruppen ein und spielen nach Handzeichen des Erziehers oder anderer Kinder. (Bekanntes Liedgut).
- Die Kinder singen das an sich überall bekannte Liedchen: „Ist ein Mann in'n Brunnen g'fallen ..." Staccato-Singen erleichtert den rhythmischen Einsatz der Instrumente.
- Das Lied wird variiert: Wir wollen keinen Mann ertrinken lassen – bei uns fällt der Wolf in den Brunnen. So wird das Lied gesungen.
- **Laufen und Ausweichen im Raum:**
  Der Erzieher schlägt einen Tamburin, eine Gitarre, eine Bongotrommel oder ein ähnlich kräftig klingendes Instrument an. Alle Kinder laufen im Raum herum, ohne sich zu nahe zu kommen oder gar aneinanderzustoßen. Mit sich steigerndem oder verlangsamendem Spieltempo verändern die Kinder auch entsprechend das Lauftempo.
  Variation: Kinder im Wechsel übernehmen das Spiel. Dabei singen nun alle Kinder das Lied: „Ist ein Wolf in'n Brunnen g'fallen ..." mit.
  Variation: Wenn der Ton (Trommel, Xylophon, Schelle o. ä.) abbricht, bleiben alle als verzauberte Figuren stehen; gerade so, wie sie sich eben bewegt haben. Der nächste Ton setzt alle wieder in Bewegung.

Material:
Instrumente wie immer.

Text:
„Ist ein Mann (Wolf) in'n Brunnen g'fallen, hab ihn hören plumpsen. Wär er nicht hineingefallen, wär er nicht ertrunken."

Melodie:

Material:
Instrumente wie Tamburin, Bongotrommel, Gitarre, Klavier oder ähnliches, je nach Möglichkeit und Neigung.

2. Das Dynamische Notenbild wird vorbereitet:

Methodisch-didaktische Hinweise:

- **Motivation:** Der Erzieher erzählt möglichst plastisch, wie ein Wolf herumläuft, Wasser wittert, neugierig in das tiefe Brunnenloch schaut, sich zu weit vorwagt und hineinfällt. Er steigt mühsam heraus, schaut wieder hinein und plumpst hinunter. Er versucht es noch einmal, stürzt kopfüber hinab und ertrinkt.
  Hinweis: Bewegen Sie beim Erzählen die Hände mit! Deuten Sie die tappenden Bewegungen an, das Vorbeugen, Stürzen, Hochklettern.
- Nun singen wir alle das Lied und bewegen die Hände mit. Dann machen wir das gleiche mit dem ganzen Körper: *Körperinterpretation,* indem gleichzeitig durch hochsteigende und fallende Bewegungen die Melodie dargelegt wird. Die fallende Bewegung kann mit einem lauten „Plumps!" begleitet werden.
- **Variation:** *Bewegungsspiel:* Alle Kinder lassen sich auf dem Boden auf alle Viere hinunter und spielen Wolf. Auf jede Silbe bewegt sich rhythmisch der Körper vorwärts – abwechselnd mit beiden Händen, dann mit beiden Beinen. Beim Plumps lassen sich alle flach auf den Bauch fallen. Dann weiter ... Solche Spiele empfinden Kinder immer als vergnüglich.

3. Das Dynamische Notenbild wird durchgeführt:

Methodisch-didaktische Hinweise:

- Die großmotorische Phase ging voraus.
- Die mittelmotorische Phase wird mit steigenden und fallenden abgerundeten „Sprungbewegungen" der Hand gezeigt.
- Das fertige Bild wird wegen Raumaufteilung und zum Singen geboten. Gemeinsames Malen des Dynamischen Notenbildes.

Material:
Notenmalhefte, schwarze Farbe. Bunte Farben zum Ausmalen des Motivs; besonders grün und blau.

Hinweise zur Durchführung:

Schriftelemente: Arkaden in schräger Lage. Striche.

Farben: Schwarz für die „Wolfssprünge", grün, blau und weitere Farben zum Ausmalen des Motives (Wasser, Wolf, Wiese).

Bewegungsablauf: Nach schräg rechts oben steigend, nach schräg rechts unten fallend; senkrecht fallende Linien.
Auf jeden Arkadenbogen kommt 1 gesprochene bzw. gesungene Silbe. Die Bögen entsprechen den Bewegungen und Sprüngen des Wolfes.

Zu 1) 8 Silben, 8 Arkaden. Zu 2) Abwärtsstrich „in den Brunnen hinein".
Zu 3) 6 Silben, 6 Arkaden. Zu 4) wie 2). Zu 5) 8 Silben, 8 Arkaden.
Zu 6) 6 Silben, 6 Arkaden, diesesmal abwärts geführt.

Zum Schluß wird das Bild ausgemalt (Wasser, Wiese, Wolf; Zaghafte, die sich noch nicht an einen Wolf wagen, können sich auf Blumen und Sonne beschränken.)

26. Einheit: Die Kinder vertonen eine Geschichte aus dem „Dschungelbuch“ (v. R. Kipling) mit einfachen Instrumenten. Sie setzen die gleiche Geschichte in Farben und Linien um.

1. Die Kinder spielen und singen mit den Instrumenten bekannte Lieder. Sie spielen in 3 Gruppen nach Anweisung des Dirigenten.

Methodisch-didaktische Hinweise:

- Die Kinder singen in gesamter Gruppe – mit Instrumenten – bekanntes Liedgut: Z. B. „Heile, heile Segen“ und „Old Mac Donald ...“ mit einer weiteren Strophe, z. B.: „... some ducks“ (mit quak, quak).
- Einsatz der Instrumente bei „Old Mac Donald ...“: **Vorschlag:** Alle 3 Gruppen spielen rhythmisch zusammen bis „... had a farm,“. Bei „EIEIO“ singen und spielen die beiden ersten Töne nur „die Hohen“, die nächsten 2 nur „die Mittleren“, den letzten Ton nur „die Tiefen“. Dann wieder beim Refrain gesamter rhythmischer Einsatz.

Material:
Die Kinder wählen sich ihre Instrumente selber aus: Die bekannten – zum Beispiel tönende Materialien, Klangstäbe, Schellen, Triangeln, Trommeln und Glockenspiele. Nun auch noch deutlich wieder Xylophone, Becken, Cymbeln, Schellentrommeln.

2. Die Kinder spielen in vertonender Art eine Geschichte.

Methodisch-didaktische Hinweise:

- Hier wird ein Abschnitt aus dem „Dschungelbuch“ verwendet. Der Erzieher kann auch andere Inhalte wählen.
- Der Erzieher erzählt aus dem Dschungelbuch die Szene, in der Baghira, der Panther, und Mogli die Pythonschlange Kaa treffen und besiegen. Etwa so, wobei durchaus dramatisiert werden kann: „Es tröpfelt – regnet – der Panther knurrt, spricht mit Mogli (Dialog ausbauen!) – die beiden klettern auf einen Baum, um zu schlafen – die Blätter rascheln – eine Pythonschlange schleicht heran – Kampf zwischen Mogli mit dem Panther und der Schlange – diese wird besiegt – sie stürzt vom Baum, verknotet sich, prallt unten laut auf ...“
- Gleichzeitig zu a). Während der Erzieher erzählt, kann die Geschichte immer wieder unterbrochen werden, um mit den Instrumenten passende Geräusche herauszusuchen (das Regnen, Rascheln, Kampfgeräusche ...). Der Schwerpunkt liegt hier bei den Versuchen, durch Klopfen, Schaben, Schütteln und dergleichen an den Instrumenten Tonqualitäten zu schaffen, die zur Geschichte passen.
- Der Erzieher erzählt nun flüssig die Geschichte durch, die Kinder spielen dazu. Auch die Sprechmelodien in Steigerungen, ausdrucksvollem Flüstern usw. kommen jetzt durch die Kinder spontan oder unter Regie des Erziehers deutlich zum Ausdruck. Die Kinder handhaben ihre Instrumente erfahrungsgemäß schon geschickt den Motiven entsprechend – dirigierende Handzeichen des Erziehers helfen zudem weiter.

Material:
Bemerkungen zu den Instrumenten:
Sie werden auf dem Tisch ausgebreitet, damit jeder Geräuschversuche anstellen kann: Z. B.: Schleichen der Schlange: Mit den Fingerkuppen auf der Tamburinhaut streichen. *Mogli:* Mittleres Instrument mit verschieden schnellen Anschlägen. *Panther:* Mit tiefem Tamburin oder Trommel. *Schlange:* Scharf angeschlagene Triangel oder Schelle, auch ausschwingender Beckenklang. Blätterrascheln und Regen: Mit Rasselbüchsen, Nägeln im Glas, Stoffen.
Geschichte:
„Dschungelbuch“ von R. Kipling (Begegnung mit der Schlange).

3. Notation: Die Geschichte wird in farbige Linien umgesetzt:

Methodisch-didaktische Hinweise:
Eine Doppelseite ist hier günstig, damit die Kinder großzügig gestalten können. Die Farben werden besprochen; die meisten Linien, emotional betont, erst jeweils in der Luft durchgeführt.

Material:
Notenmalhefte. Schwarze, rote und gelbe Farbe.

Bemerkung:
Der Themenkreis aus dem Dschungelbuch spricht die Kinder so stark an, daß sie meist gleich eine Fortsetzung wünschen. Ein nächstes Mal könnte z. B. Moglis Entführung durch die Affen „vertont“ und „gemalt“ werden. Eindrucksvoll für die Notation etwa: Moglis langgezogene Hilfeschreie, König Louis Drohen (Sprechmelodie!). Das Poltern und Dröhnen in allen Tonlagen, wenn der Tempel zusammenstürzt (mit spitz- und breitgeführten Stiften) ... Oder: Mogli besiegt den Tiger ... Bei den Elefanten ...

Hinweise zur Durchführung:

Farben: Schwarz (Panther, Regen, Rascheln), rot (Mogli, Regen, Blätter) und gelb (Schlange).

Bewegungsablauf: Zeilenweise von oben nach unten, jeweils links beginnend.

Formen: Frei gestaltete Linien, die je nach Person und Handlung stoßartig oder durchgezogen, in 3 verschiedenen Farben und dazu druckbetont und druckschwach gemalt werden (staccato, legato, spiralig, spitzig, rund, stark und schwach für laut und leise usw.).
Das Blatt kann durch Halbieren der Seite (Doppelseite) und weiterem Halbieren der Hälften in 4 Zeilen geteilt werden. Das erleichtert die Raumaufteilung. Oder: Freie Fläche, wie auf dieser Abbildung.
Zu 1) Ruhiges „Nebeneinandergehen" der beiden Farben; druckstark. Zu 2) Stoßen; erst druckschwach, dann immer stärker (vom Tröpfeln zum Regnen). Zu 3) Lebhaftes, druckstarkes Schwingen. Zu 4) Feines zartes Kreisen. Zu 5) Schlängelnde, druckschwache Bewegung. Zu 6) Heftige Kreise, Zacken, Spiralen. Zu 7) Starker, fallender Strich. Zu 8) Druckstarkes Knäuel. – Bitte jede Bewegung auch wieder erst großmotorisch ausführen.

27. Einheit: Die Kinder spielen und reagieren auf die Zeichen „laut“, „leise“ und auf das „Echo“. Sie führen eine Notation mit Wortmelodien durch, geben sie vokal wieder und machen Versuche mit Wortmelodien.

1. Die Kinder singen und spielen ein neues Lied:

Methodisch-didaktische Hinweise:

- Mit einer einführenden Erzählung erlernen die Kinder das Lied: „Es tanzt ein Bi-Ba-Butzemann in unsrem Haus herum . . .“ (oder ein ähnliches Lied). Die Kinder singen mit begleitender Körperinterpretation entsprechend dem Textgehalt (schütteln, hüpfen . . .).
- Sie begleiten sich rhythmisch mit den Instrumenten.
- Die Gruppe spielt zusammen. Der Erzieher dirigiert sie mit Handzeichen für laut und leise (bei den Wiederholungsteilen des Liedes.)

Material:
Verwendung der Instrumente wie immer.

Text:
Es tanzt ein Bi-Ba-Butzemann in unsrem Kreis herum, bidebum. Es tanzt . . . bidebum. Er rüttelt sich, er schüttelt sich, er wirft sein Säcklein hinter sich, es tanzt ein . . . Kreis herum.

2. Wiederholung des Echospiels und Bewegungsspiele im Raum:

Methodisch-didaktische Hinweise:

- Erinnerung an das Echo. Der Erzieher ruft etwas, die Kinder rufen leise als Echo zurück.
- Gruppen-Wechselspiel: Alle Kinder einer 1. Gruppe rufen oder spielen laut, die 2. Gruppe gibt das gleiche leise zurück: 1. Vokal, 2. Instrumental.
- Die Kinder erfinden Bewegungsarten: Sie bilden einen Kreis; dabei singen sie. Nach und nach löst sich je 1 Kind heraus und bewegt sich 1 Mal um den Kreis (evtl. mit Gegenbewegung). Dabei erfindet jedes Kind eine andere Gangart: Es hüpft, rollt sich, schlängelt sich, läuft rückwärts, dreht sich um die eigene Achse, krabbelt usw.

Bemerkung: Diese hier angeführte Spielübung möchte darauf hinweisen, daß alle rhythmischen Einsätze, Spiele, Lieder usw. immer wieder (in sinnvoller Frequenz) durchgeführt und vertieft werden sollen, besonders auch in Varianten und mit Kindern als Dirigenten.

3. Die Kinder führen eine Notation durch:

Methodisch-didaktische Hinweise:

- **Motivation:** Der Erzieher erzählt eine Geschichte: Z. B.: Mutter ruft Peter zum Essen: „*Hal*-lo, *Pe*-ter!“ dieser hört nicht . . . sie ruft energisch noch einmal „*hal-lo! Pe-ter!*“ Nun wird jede Silbe betont, weil mit Nachdruck gerufen wird (s.: Der Ton macht die Musik!). Kinder zanken sich um ein Spiel. Eines ruft: „Jetzt bin *ich* dran!“ Oder: „*Ich* bin jetzt dran!“ So kann die Geschichte noch ein bißchen weitergeführt werden. Die Sprachmelodie wird herausgehört und mit zartem oder starkem Druck silbenweise in Abwärtsstrichen ins Notenheft gemalt:
  1) An der Tafel zur Demonstration,
  2) Jedes Kind malt in seinem Notenmalheft. Dabei wird wieder rhythmisch betont mitgesprochen – mit deutlich betonten und unbetonten Silben.

Material:
Notenmalhefte, rote Farbe. Der Hintergrund kann anschließend bunt angemalt oder ausgefüllt werden.

4. Die Kinder geben ihre Notationen mit Worten wieder:

Methodisch-didaktische Hinweise:

- Der Erzieher zeigt z.B. auf die Tafelzeichnung oder die Zeichen im Buch und fragt: „Wie könnte das heißen?“ Da die Kinder eben vorher die gleichen Zeichen gemalt haben, werden sie sich erinnern.
- Der Erzieher malt z. B. 3 Striche: Betont-unbetont, betont, Wie könnte das heißen? Etwa: „*Komm* mal *her!*“ Oder: „*Oh*, ein *Pferd!*“ oder: „*Lauf* doch *weg!*“ . . . Jede Lösung gilt, wenn das Wort in seiner Melodie den Zeichen entspricht.
- **Kinderaktion:** Jedes Kind (das will), malt nacheinander druckbetonte und unbetonte Zeichen an die Tafel o. ä. und die anderen überlegen, was das heißen könnte.
- Eine Partitur mit betonten und unbetonten Silben kann von den Kindern mit dicken und flachen Klötzen gelegt werden.

Material:
Deutlich sichtbare Notation auf der Tafel oder im Buch, dazu Kreide oder Wachsstifte.

Material:
Klötze oder verschieden dicke Steine usw.

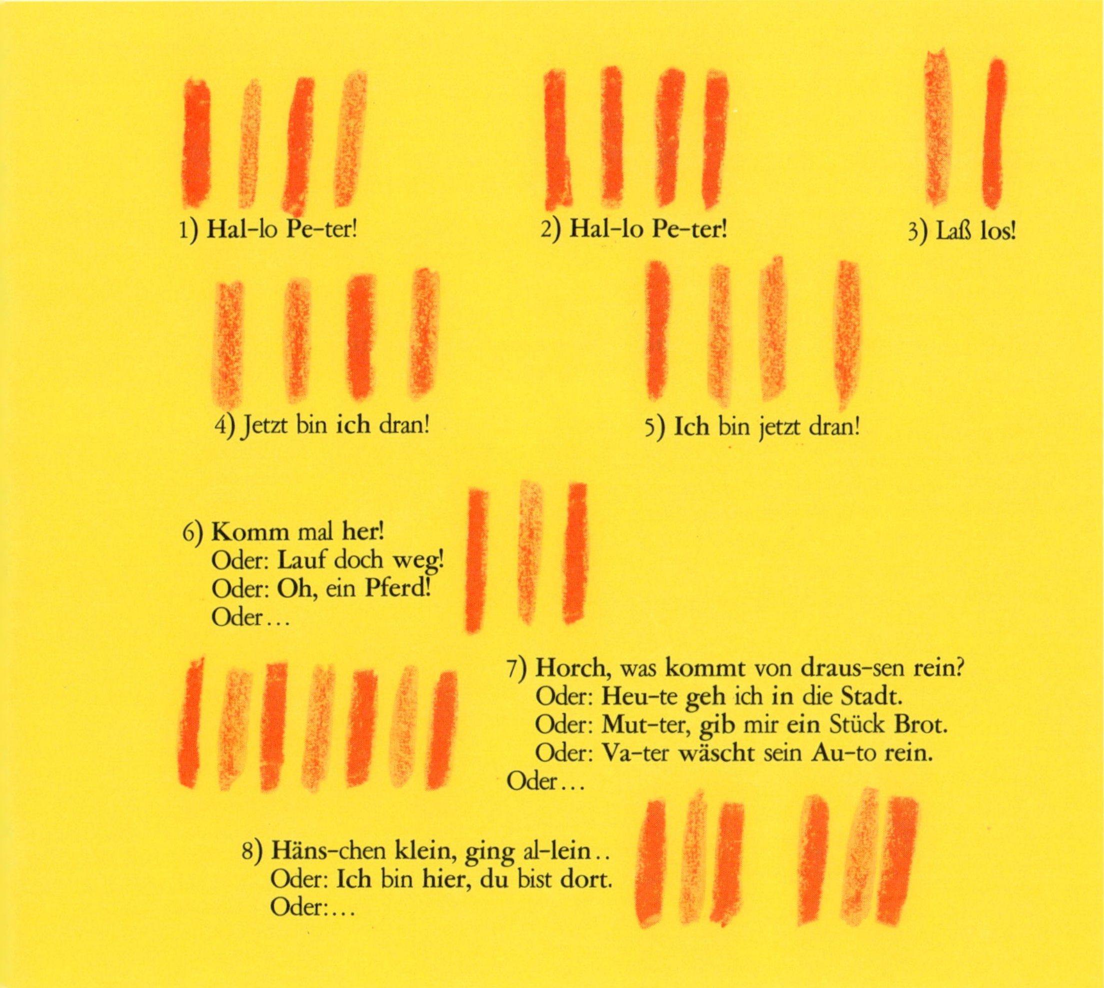

Hinweise zur Durchführung:

Schriftelement: Einfache vertikale Striche mit starkem oder schwachem Druck.

Farbe: Rot (entspricht dem „mittleren" Ton, also dem normalen Sprechton.)

Bewegungsablauf: Von links nach rechts und oben nach unten (Zeilen.) Die oben aufgezeichneten „Worte" sind nur Vorschläge. Es können auch eigene Wörter gefunden und besonders auch Anregungen der Kinder aufgenommen werden.

1) **Durchführung obere Hälfte:** Gemeinsam werden Rufe, Namen usw. mit betonten und unbetonten Silben gesprochen und in rhythmischer Strichführung in Silbeneinheiten mit starkem oder zartem Druck gemalt.

2) **Durchführung der Punkte 6) bis 8):** Der Erzieher oder die Kinder malen Zeichen an die Tafel oder auf einen großen Bogen Papier, die anderen können nun versuchen, hieraus Namen zu bilden. Was könnte das alles heißen? Das macht besonderen Spaß, zumal nun Wortschatz und Phantasie aktiviert werden. Dabei werden auch gewisse Gesetzmäßigkeiten erkannt im Wechsel von starken und schwachen Silben – das ergibt sich von selber beim Suchen nach passenden Wörtern.

28. Einheit: Die Kinder malen eigene Geschichten in Linien und Farben. Sie erzählen sie und vertonen sie nebenher mit Instrumenten. Sie hören Indianermusik und begleiten diese rhythmisch.

1. Hörerziehung und Notation: Eine Geschichte wird während des Erzählens in farbigen Linien dargelegt. Dann wird sie wieder erzählt und mit den Instrumenten interpretiert:

Methodisch-didaktische Hinweise:
- Die Kinder singen und spielen zu Beginn.
- Demonstration: Der Erzieher sitzt (wie immer) mitten unter den Kindern. Er erzählt eine Geschichte und malt passende farbige Zeichen dazu (s. Notation auf der rechten Seite). **Beispiel:** „Alles schläft ... Mütter, Papas, Kinder ... Plötzlich hört man eine Sirene der Feuerwehr ... alle springen erschrocken auf; ein Krankenwagen mit Sirene fährt vor; man sieht Flammen ... alles brennt, dröhnt, kracht im Haus. Gott sei Dank nahen dicke Regenwolken. Regen fällt in dicken Tropfen ... Das Feuer wird immer kleiner und erlischt.
- Der Erzieher hat diese Geschichte erzählt und gemalt, nun vertont er sie mit den Instrumenten.
- Der Erzieher gibt Tips und Themenvorschläge: Z. B.: Es kommt kein Regen – es brennt weiter. Die Polizei fährt vor! – oder ganz anders: Tiere im Zoo machen Lärm ... Ein Bär und eine Schlange kämpfen ... Auf dem Jahrmarkt ... Hier wird die Phantasie angeregt und Sprechanlaß gegeben.

Material zum Singen und Spielen:
Die Instrumente wie immer.

Material:
Ein großes Blatt Papier zur Demonstration; gelbe, rote und schwarze Farbe.
Zum Abspielen der Notation: Etwa 3–4 Instrumente in 3 verschiedenen Tonlagen.

2. Notation: Die Kinder malen eine Geschichte und vertonen sie.

Methodisch-didaktische Hinweise:
- In Gruppen oder einzeln denkt sich jedes Kind eine Geschichte aus und malt sie in sein Malheft. Anregungen und Hilfen sollten geboten werden.
- Einige Instrumente verschiedener Tonhöhe liegen auf dem Tisch. Wer Lust hat, darf nun seine Geschichte den anderen erzählen und mit den passenden Instrumenten begleiten. Kleine Gruppen sind für diese Aktion besser geeignet als große, weil jedes Kind einzeln angesprochen wird und angehört werden will.

Material:
Die Notenmalhefte; schwarze, rote und gelbe Wachsfarben.
Instrumente: Tamburin (tief), Rassel, Schellen und/oder Triangel ... Schellentamburin, Becken.

3. Hörerziehung mit rhythmischer Aktion:

Methodisch-didaktische Hinweise:
Wir hören eine Schallplatte an – am besten mit geschlossenen Augen, begleitet durch rhythmisches Mitklatschen und Mittrommeln auf der Tischplatte, um sich ganz in die fremdartige Musik einfühlen zu können.
- **Einführung:** Man erzähle von Indianern (Leben, Aussehen ...) und ihrer Musik. Fast jedes Kind hat über verschiedene Medien schon Indianermusik gehört (Los Inkas ...). Ihre Musik erzählt uns etwas von ihrem Leben: Von Liebe und Hochzeiten, von traurigen Dingen, von Sonne, Stürmen, den Bergen, Unglücken und fröhlichen Ereignissen und Tänzen. *Ihre Instrumente:* (s. rechte Spalte:)
- **Vorübung:** Rhythmische Handlungen werden vereinbart und kurz vorgeübt: *Hohe Flöte:* Mitklatschen. *Gesungene Teile:* Auf der Tischplatte mit den flachen Händen mittrommeln. *Trommelwirbel und vibrierende Flötentöne* werden im raschen Ablauf mit den 2 Zeigefingern mitgetrommelt. Für Gitarre und Charango bedarf es keiner gesonderten Interpretation, da sie keine tragende Melodie ausführen. Gibt es Flötentöne und tiefere Töne gleichzeitig, wird auch gleich-

Vorschlag:
Südamerikanische Indianermusik, hier: *„Boliviano soy"* *Los Llokallas* (Originalaufnahmen aus Bolivien, Kurzspielplatte von Terre des Hommes.)

Die Quena, eine Bambusflöte. Bombo, eine Handtrommel. Gitarre. Charango, ein Zupfinstrument.

Alles schläft ... Mütter, Papas und Kinder.

Plötzlich erklingt die Feuerwehrsirene.

Alle Mamas, Papas und Kinder springen auf ...

Ein Krankenwagen fährt mit Sirene vor.

Man sieht Flammen, immer höher;

alles brennt, dröhnt und kracht im Haus.

Regenwolken kommen,

dicke Tropfen fallen,

Das Feuer wird immer kleiner und erlischt.

Draußen ist es wieder dunkel und ruhig.

zeitig mit den Händen geklatscht und mit dem Fuß rythmisch mitgeklopft. Diese doppelte Bewegung kann besser koordiniert werden, wenn die Ellebogen beim Klatschen auf die Oberschenkel oder Knie aufgestützt werden.

– **Durchführung:** Seite A/C: 1. Boliviano soy
2. El trote del viento

Der Erzieher erwähnt kurz, um was es sich handelt (1. – Bolivianischer Volkstanz, Stolz auf das bolivianische Heimatland) (2. – Vom Lauf des Windes; der indianische Bauer eilt heim). Hören und rhythmische Interpretation: s. o. Seite B/C: Empfindungen der Trauer (Begräbnis eines in den Bergen abgestürzten Freundes) können hier im rhythmischen Anschlag besonders dargelegt werden: Zögern, Verlangsamen, laute und leise Passagen. Anfang und Ende werden hier nicht geklatscht, sondern mit den Fingern getrommelt (rascher Wirbel)! **Bemerkung:** Es kann auch andere südamerikanische Musik dieser Art verwendet werden. Auch die rhythmischen Einsätze wie Trommeln, Klatschen usw. können verändert werden.

– Die Notation zur selbsterfundenen Geschichte ist aus obigem Bild ersichtlich, auch die Auswahl der Farben (entspr. Handlung und Motiv: Schwarz, rot, gelb).

29. Einheit: Die Kinder lernen ein neues Liedchen mit Leiermelodie und interpretieren es musikalisch. Sie führen ein „Zeichen-Geh-Spiel" durch (Ein- und Unterordnung) und malen ein weiteres Dynamisches Notenbild.

1. Musikalische Aktion: Die Kinder singen und sie spielen mit den Instrumenten dazu – sie erlernen ein Lied.

Material:
Instrumente, die in drei Tongruppen und/oder zwei Echogruppen (laut-leise) eingeteilt werden können.

Melodie:

Text:
„Schornsteinfeger, schwarzer Neger, komm ins Haus und kehre aus!"

Methodisch-didaktische Hinweise:
– Der Erzieher stellt *bekanntes Liedgut* zur Wahl: Spielen und Singen nach eingeübten Handzeichen und Bewegungen oder in Gruppenaufteilungen.
– Das neue Lied wird erlernt.
– Die Kinder bilden zwei Gruppen, wenn im Echo gespielt wird; drei Gruppen, wenn in den drei Tonlagen gespielt wird. Das Lied hat eine Leiermelodie. Es ist zur musikalischen Interpretation für drei Tongruppen, die dirigiert werden, deshalb besonders geeignet, aber auch durch die Reime auf gleicher Melodie als Echo.

2. Rhythmik – Ein- und Unterordnung im Raum durch Gehen, Stehenbleiben und Bewegen auf Zeichen.

Methodisch-didaktische Hinweise:
Der Erzieher steht an einer Wandseite, alle Kinder ihm gegenüber. Es wird nicht gesprochen – wir sind stumm.
Zeichen werden vereinbart, auf die die Kinder reagieren werden. Beispielsweise: Mit den Händen heranwinken – die Kinder kommen auf den Erzieher zu. Stopzeichen – alle bleiben stehen. Rückwinkende Bewegung – alle gehen bis zum Stopzeichen rückwärts. Seitliches Wegwinken – nach rechts beziehungsweise links gehen . . . Oder: Alle in die Hocke . . . wieder hoch.
Die Kinder erfassen durch ihr Tun soziale Ein- und Unterordnung – alle führen auf stumme Handzeichen die gleichen Bewegungen aus.

3. Ein Dynamisches Notenbild wird durchgeführt.

Methodisch-didaktische Hinweise:
– **Motivation und Sprechanlaß:** Ein Igel wacht aus dem Winterschlaf auf – er ist mager – hat Hunger – läuft auf der Wiese herum und sucht etwas zum Fressen – er begegnet zwei Regenwürmern – bekommt Appetit – die Regenwürmer verschwinden schnell in der Erde.
Gesprächsanlaß: Was wir über den Igel wissen. (Winterschlaf – Nahrung – Aufenthalt im Winter – Der Erzieher informiert und läßt die Kinder fragen und erzählen. Zum Trost – weil die Regenwürmer verschwunden sind – holt sich unser Igel Äpfel oder ein Ei oder . . .)
– **Vorbereitung des Dynamischen Notenbildes:**
Großmotorisch: *Regenwurm* – langgestreckte horizontale Armbewegung, groß von links nach rechts gezogen. Auch mit der linken Hand.
Regenwürmer krabbelnd: Langgezogene Wellenbewegungen. *Igel:* Schräge Zacken (Stacheln) – auf und ab – *spitzig* wie Stacheln.
– Nachdem die Geschichte in große Bewegungen umgesetzt wurde, wird die *Raumaufteilung* an einem Dynamischen Notenbild besprochen. *Dann:* Zeilenweises gemeinsames Malen und rhythmisches Chorsprechen an Demonstrationsfläche und im Notenmalheft.

Material:
Notenmalhefte, orange und braune Farben, ergänzende Farben zum Ausmalen des Motivs.

Hinweise zur Durchführung:

Schriftelemente: Linien, Wellen, schräge Zacken.

Farben: Orange, braun. Zum weiteren Ausmalen andere Farben (grün, schwarz).

Bewegungsablauf: Von links nach rechts und zeilenweise von oben nach unten.

Zu 1) Linie in Sprechlänge. Zu 2) Linie in Sprechlänge.
Zu 3) Schräg gesetzte Zacken, aufgeteilt nach Silben (6 Silben – 6 Zackenteile.)
Zu 4) 7 Silben – 7 schräge Zackenteile.
Zu 5) 3 Silben – 3-teiliges Zackenelement, Zu 6) Gerader Strich wie bei 1/2).
Zu 7) Wellenlinie in Länge des Sprechens. Zu 8) Wie bei 7).
Zu 9) 9 Silben – 9 Zackenteile.

Jede Phase wird vor dem gemeinsamen Malen großmotorisch durchgeführt.
Zum Schluß malen die Kinder das Bild aus: Möglichst mit einem Igel und einem Regenwurm.

30. Einheit: Die Kinder setzen immer leiser werdende Geräusche in Bewegungen und farbige Linien um. Sie versuchen sich in „Spiegelspielen“ mit Nachahmungen, Pantomimen und Kommentaren zu stummen Handlungen.

1. Die Kinder erlernen ein neues Lied. Sie begleiten es mit ihren Instrumenten.

Methodisch-didaktische Hinweise:

– **Lied:** „Lirum, Larum, Löffelstiel . . .“ Begleitung rhythmisch durch die Instrumente. *Weitere Lieder,* beispielsweise: „Große Uhren gehen tick-tack . . .“ „Henriette, goldne . . .“ „Bi-Ba-Butzemann . . .“

Material:
Die bekannten Instrumente.

Noten zum Lied:

1. Lirum, larum, Löffelstiel, wer nichts lernt, der kann nicht viel.
2. Ich bin Peter, du bist Paul, ich bin fleißig, du bist faul.

2. Hörerziehung: Die Kinder hören Klänge, die immer leiser werden und setzen sie in passende Bewegungen um.

Methodisch-didaktische Hinweise:

– Der Erzieher (später auch einzelne Kinder) schlägt ein Becken kräftig zusammen: der Ton verebbt, wird immer leiser, verstummt.

– **Demonstration und Gruppe als Gegenüber:** Nun noch einmal: Wenn der Ton angeschlagen wird, breiten die Kinder die Arme weit aus (ein großer, weiter Ton). Je leiser der Ton schwingt, um so mehr gehen die Arme zusammen, bis sich bei erloschenem Ton die Fingerspitzen berühren. Mit dem „Leiserwerden“ geht das Langsamerwerden der Bewegungen einher.

– Weitere Vorschläge – die Gruppe kann sich auf Material einigen. Beispielsweise: Ein Holzreifen kreiselt auf dem Boden, bis er still liegt. Eine gefüllte Blechdose wird gerollt; ein Klotzkasten langsam ausgekippt, runde Hölzer gerollt, eine Türe zugeschlagen . . .
Weitere Möglichkeiten zur Übertragung auf Bewegungen: Beim lauten Ton geht man rasch – dann wird man immer langsamer und bleibt stehen, wenn der Ton verebbt ist.

Material:
Auswahl an Klangerzeugern: Größere Becken, Gitarre, 1 mit Steinen gefüllte Blechdose, runde Klanghölzer, ein Holzreifen, ein Klotzkasten, ein Radio oder Tonbandgerät, das immer leiser geschaltet werden kann . . .

3. Notation: Die Kinder malen die Töne mit.

Methodisch-didaktische Hinweise:

Der Erzieher gibt die oben genannten Klänge nacheinander an, die Kinder malen sie in der Länge des Hörens mit: Siehe Notation rechte Seite. Je leiser der Ton wird, um so schwächer wird der *Druck.* Tiefe, mittlere und hohe Töne werden *farblich* unterschieden (gelb, rot, schwarz). Der *graphische Bewegungsablauf* entspricht dem des Gegenstandes: spiralig, in Linie, Schwingungen . . .

Material:
Notenmalheft, rote, gelbe und schwarze Farbe.

4. Reaktionsspiel über Mimik und Pantomimen:

Methodisch-didaktische Hinweise:

Das Spiegelspiel: Vorschlag: Je 2 Kinder sitzen einander gegenüber. Eines schneidet Grimassen und vollführt bestimmte Bewegungen; das andere ahmt genau nach. Partnerwechsel.

Variation: Der Erzieher und später Kinder spielen eine geschlossene kleine Handlung stumm vor, die anderen verbalisieren die Handlung, geben Kommentare ab und ahmen die Bewegungen wie ein Spiegel nach (evtl. auch Ergänzungshandlungen). (Zähne putzen – die Zahnbürste bricht ab oder die Zahncreme-Tube ist leer . . . Nüsseknacken, ein Zahn splittert . . . Ich warte auf den Bus, es eilt mir, der Bus kommt aber zu spät . . .)

Übrigens sind solche Spiele sehr variabel: Zum Beispiel können die Kinder ein Stöhnen, Lachen, Brummeln . . . als Ausgangspunkt für eigene Handlungen in Pantomime oder mit Erzählungen nehmen. Oder sie spielen nach Anweisung anderer . . .

Hinweise zur Durchführung:

Schriftelemente: Frei, in Linien, Spiralen, Kreisen, mit sich abschwächendem Druck.

Farben: Schwarz und rot.

Bewegungsablauf: In den Zeilen jeweils links beginnend.

Auf dieser Seite werden Beispiele gezeigt und Vorschläge gemacht, die der Erzieher variieren kann. Die Geräuscherzeuger und der graphische Ablauf sind oben notiert und jeweils mit nachlassendem Druck gemalt.

31. Einheit: Die Kinder interpretieren ein neues Lied beim Singen mit Instrumenten und Bewegungen. Sie malen ein Dynamisches Notenbild.

1. Die Kinder erlernen ein neues Lied.

Methodisch-didaktischeHinweise:

Lied: „Es war eine Mutter, die hatte vier Kinder . . .“

- **Motivation:** Gespräch über Jahreszeiten, Jahresablauf . . . (Sprechanlaß).
- Das Lied wird eingeübt.

Melodie:

2. Das Lied wird dem Text entsprechend interpretiert.

Methodisch-didaktische Hinweise:

- **Reigenspiel:** Die Kinder interpretieren das Lied vom Text her in Tanzform. *Vorschlag:* Von: „Es war eine . . .“ bis „. . . 4 Kinder“: Anfassen, im Kreis gehen, dann stehen.
  „Den Frühling“ – alle formen die Hände zur Blüte.
  „Den Sommer“ – große Sonnenkugel mit dem Arm beschreiben.
  „Den Herbst“ – Andeutung für Essen.
  „Den Winter“ – Frierendes Zusammenziehen . . .
  „Der Frühling bringt . . .“ – mit entsprechenden Bewegungen.
  „Und wie sie sich schwingen . . .“ Hüpfendes Tanzen als Reigen im Kreis herum, erst nach links, dann nach rechts herum.

Text:

1. Es war eine Mutter, die hatte vier Kinder, den Frühling, den Sommer, den Herbst und den Winter.
2. Der Frühling bringt Blumen, der Sommer den Klee, der Herbst, der bringt Trauben, der Winter den Schnee.
3. Und wie sie sich schwingen im lustigen Reihn, so tanzen und singen wir fröhlich darein.

3. Das Lied wird instrumental interpretiert.

Methodisch-didaktische Hinweise:

- Die Kinder bilden vier Gruppen mit Instrumenten nach freier Wahl. Jede Gruppe stellt eine Jahreszeit dar.
- **Ablauf:** Der Dirigent gibt die Einsätze: Die erste Gruppe spielt immer rhythmisch und singt dazu, wenn vom Frühling die Rede ist. Die zweite Gruppe: Sommer . . . die dritte . . . vierte . . .; Die ersten und letzten Zeilen spielen alle zusammen.
- Die Instrumente könnten auch je nach ihrem Klang passend zu den Jahreszeiten eingesetzt werden (Gesprächsanlaß!).

Material zu 3.:
Instrumente nach Wahl.

4. Die Kinder malen ein Dynamisches Notenbild.

Methodisch-didaktische Hinweise:

- *Der Erzieher* erarbeitet die passenden Farben im Gespräch mit den Kindern: 4 Farben für 4 Jahreszeiten.
- *Großmotorisch* werden aus der Hocke bis zum Stehen die rhythmisch mit den Silben gesetzten Zacken gezogen, dann wieder abwärts in der zweiten Satzhälfte (siehe Notation).
- Der Erzieher malt große Zacken auf die Tafel, den Boden oder Tisch. Jedes Kind darf dann im „Rückwärtsgang“ die Spur kreuzen.
- Der Erzieher zeigt ein fertiges Dynamisches Notenbild, die Kinder singen es ab. Die Raumaufteilung wird besprochen. Man geht vom Mittelpunkt aus.
- Gemeinsam wird im *Notenmalheft* und an der Demonstrationsfläche das Bild entwickelt, am besten wieder durch Chorsprechen.
- Die Kinder malen in passenden Farben die Anfangsbuchstaben in die Ecken und ein jahreszeitliches Motiv dazu.

Material zu 4.:
Zur Demonstration: Große Malfläche und Stifte oder Kreide.

für jedes Kind:
Notenmalhefte; grüne gelbe, rote, blaue und schwarze Farbe.

Hinweise zur Durchführung:

Schriftelemente: Zacken, die sich in der Rückwärtsspur kreuzen. Schleifen.

Farben: Grün, gelb, rot, blau, schwarz. Die Farben werden symbolisch für die Jahreszeiten eingesetzt.

Bewegungsablauf: Von der Mitte („das Jahr") in die Ecken und zurück.

Symbole: Buchstaben und Farben für die Jahreszeiten. Wiederholungszeichen.
Ablauf: In die Mitte wird ein schwarzer Kreis gesetzt. Es ist „Mutter Jahr". Zu 1) Frühling, grün. In der 1. Satzhälfte in Zackenlinien (rhythmisch mit Silben) in die linke, obere Ecke, dann zurück zur „Mutter", indem diese Zackenlinie die erste Bahn kreuzt. Zu 2) 3) 4): Gleiches Verfahren mit den entsprechenden Farben und Texten.
Zu 5) Erste Satzhälfte: 11 Silben – 11 Schleifen.
Zweite Satzhälfte: Wir „sparen uns" eine weitere Schleifenreihe. Dafür setzen wir an das Ende der Schleifenreihe 2 Punkte. Diese sagen, daß jetzt das gleiche noch einmal kommt (Schleifen).

Zum Schluß schmücken die Kinder die 4 Ecken mit passenden Motiven aus.

32. Einheit: Die Kinder hören das musikalische Märchen: „Peter und der Wolf" von Serge Prokofieff und agieren dazu.

1. Der Erzieher erzählt den Kindern den Inhalt des Märchens.

Methodisch-didaktische Hinweise:
- Der Erzieher erzählt und dramatisiert die Schilderung durch begleitendes rhythmisches Klopfen, Trommeln mit den Fingern, Schwingen und ähnliches.
- **Anregung:** Wir machen bei dem Märchen mit! Einige helfen mit Instrumenten beim Vogel mit, andere bei der Katze und so weiter.

Schallplatte:
„Peter und der Wolf" – ein musikalisches Märchen von Serge Prokofieff.

Instrumente:
Schellen und Triangeln, Rasseln, Tamburin, Klangholz, Xylophon.

2. Die Kinder üben ihre Rollen vorbereitend ein wenig ein.

Es werden Geräusche erzeugt – entsprechend dem Motiv, das im Märchen gerade anklingt:

Vorschläge:

Vogel: Triangel, Schelle.
Ente: Rassel . . .
Katze: Klangholz, alle machen tappende Fingerbewegungen dazu.
Großvater: Tamburin, alle klopfen träge mit den Fäusten auf den Tisch.
Peter: Xylophon, rhythmisch von oben bis unten und umgekehrt mit dem Schläger durchfahren. Dazu klatschen alle mit.
Wolf: Fingerscharren und Fingertrommeln auf der Tischplatte.
Schüsse: Fäuste auf dem Tisch.
Der Erzieher erzählt nun, die Kinder reagieren mit den passenden Geräuschen. Auf diese Weise finden sich die Kinder besser in das Märchen ein. Ihre Phantasie wird angeregt; sie lernen, die Melodien entsprechend dem Märchenmotiv zu unterscheiden und durch eigene Aktionen mit den Instrumenten zu vertiefen.

3. Die Kinder hören das Märchen an und agieren mit.

Die Schallplatte läuft, die Kinder „unterstützen" das Märchen durch oben genannte Aktionen, ohne zu laut zu werden.

4. Vertiefung

In Ausweitung könnten die Personen und Tiere auf der Papierfläche farblich angeordnet werden, mit dem jeweiligen gemalten Motiv am Rand. Die Kinder überlegen, mit welchen Farben und Linienführungen sie die Figuren darstellen können.

Material:
Notenmalhefte oder große Bögen Papier, gelbe, rote und schwarze Farbe.

Hinweise zur Durchführung:

Es handelt sich hier wieder lediglich um Vorschläge. Es werden keine Handlungen in Farben und Linien gezeigt, sondern nur – als Anregung – die Möglichkeiten, mit denen man die einzelnen Märchenfiguren darstellen kann: Nach hoch, mittel und tief und charakteristischen Bewegungen geordnet. Mit diesen farbigen Linien kann man nun während des Märchens mitmalen. Wie oben gezeigt, kann der Wachsstift auch der Breite nach geführt werden.

33. Einheit: Die Kinder singen und spielen bekanntes Liedgut nach verschiedenen Einsatzmöglichkeiten. Sie ordnen sich rhythmisch Zeichen unter und malen ein Dynamisches Notenbild.

1. Die Kinder singen und spielen bekanntes Liedgut.

Instrumente wie stets.

Bekanntes Liedgut, beispielsweise: „Es war eine Mutter ...", „Old Mac Donald had a farm ..."; „Schornsteinfeger, schwarzer Neger ..." Einsatz nach drei Tongruppen, beziehungsweise rhythmischer Gesamteinsatz oder Gruppeneinsatz nach Textgehalt.

2. Rhythmikspiel mit Ein- und Unterordnung.

Instrumente:
Tamburin oder Trillerpfeife – auch Schellen; oder: Schellen, Rasseln, Tamburin kombiniert.

Methodisch-didaktische Hinweise:

Der Erzieher vereinbart mit den Kindern Zeichen. So etwa: wenn einmal gepfiffen wird oder bei einem Schlag auf den Tamburin *stehen* alle.
Bei zweimaligem Zeichen: alle *knien.* Dreimaliges Zeichen: alle *liegen.*
Variation: *heller Ton* – stehen; *mittlerer Ton* – knien; *tiefer Ton* – liegen.
Variation: Wenn leichte Tamburinschläge in rascher Folge angeschlagen werden (auch bei Schellenklängen, oder Klatschen) – dann laufen oder hüpfen die Kinder im Raum umher. Auf einem, zwei beziehungsweise drei Schlägen oder Pfiffen stehen, knien oder liegen die Kinder, bis das Laufzeichen wieder ertönt.
Tonlage oder Tonstärke und die Anzahl der Schläge werden bestimmten Körperlagen und Bewegungsabläufen zugeordnet.

3. Die Kinder malen ein Dynamisches Notenbild.

Methodisch-didaktische Hinweise:

- **Motivation:** Einführende Erzählung über die Begegnung zwischen einem Hasen und einem Igel (frei nach Phantasie). Die Erzählung ist als Sprechanlaß zu gestalten: die Kinder können von Tieren erzählen. Kontraste finden Erwähnung: stachelig-weich ... kurze-lange Ohren und weitere.
- *Großmotorische Vorbereitung,* besonders die umgekehrte Schleifenbewegung des Hasen (Assoziation: weich, rund ...)
- Farbige Zuordnung und Raumaufteilung werden besprochen.
- Durchführung des Dynamischen Notenbildes zeilenweise – gemeinsam durch rhythmisches Mitsprechen.
- **Variation:** Die Kinder erfinden Geschichten. Während des Erzählens machen die anderen die spitzigen Zackenbewegungen, die streichelnd runden Bewegungen für Hase oder Schäfchen, die für Schlange, Wolf oder Regenwurm mit ... und zwar immer dann, wenn gerade von dem Tier gesprochen wird.
- Zum Schluß malen die Kinder einen Hasen und/oder einen Igel.

Material:
Notenmalhefte. Farben: Lila oder violett, orange. Zum Ausmalen des Motives: Besonders braun und grün.

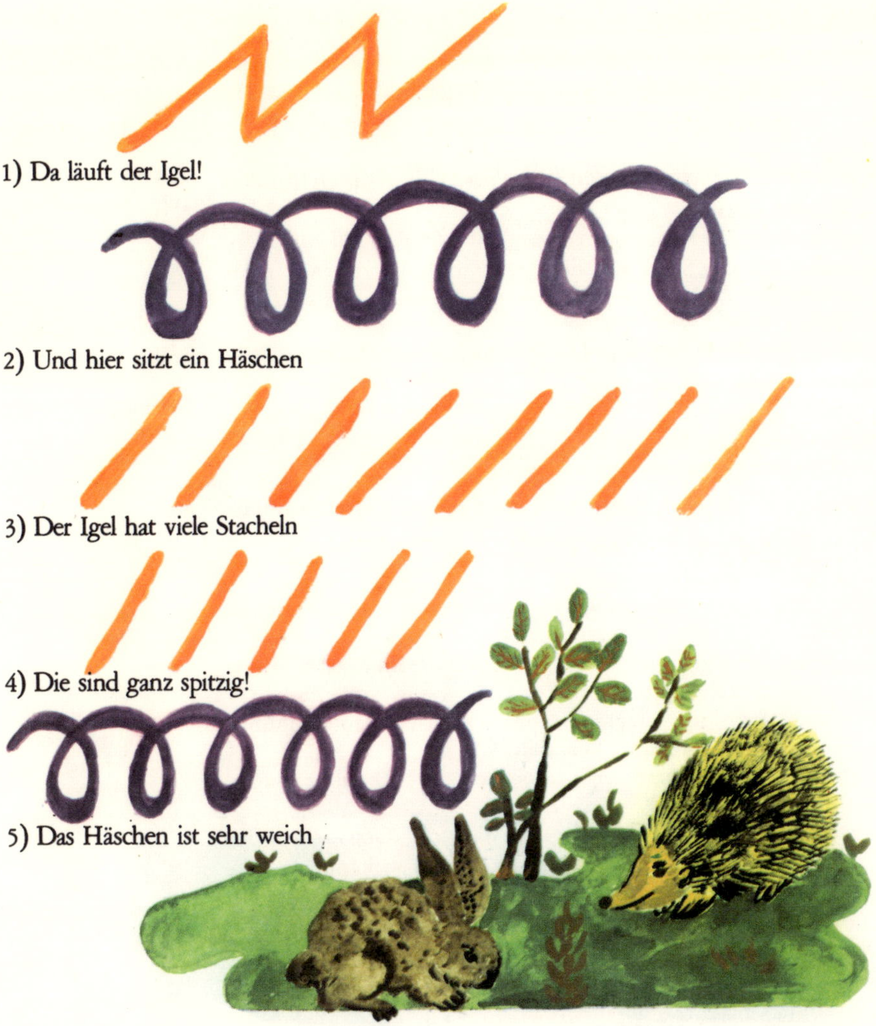

Hinweise zur Durchführung:

Schriftelemente: Zacken, Schleifen in umgekehrter Form, Striche.

Farben: Orange und lila oder violett.

Bewegungsablauf: Zeilenweise von links nach rechts und oben nach unten.

Zu 1) 5 Silben; das entspricht 5 schrägen Zackenlinien von Spitze zu Spitze.
Zu 2) 6 Silben entsprechen 6 rhythmisch mitgemalten umgekehrten Schleifen.
Zu 3) 8 Silben – 8 schräge Striche (Stacheln).
Zu 4) 5 Silben – 5 schräge Striche.
Zu 5) 6 Silben – 6 umgekehrte Schleifenbewegungen.

Zum Schluß kann das Motiv auch wieder ausgemalt werden.
Jede Phase wird großmotorisch vorbereitet, besonders die Schleifen.

34. Einheit: Die Kinder erlernen (für eine spätere Notation) einen rhythmisch betonten Reim und spielen ihn. Sie führen eine Notation durch mit Linien relativer Länge und Druckstärke entsprechend langgezogener Rufe oder kurzer Ausrufe (lang-kurz; laut-leise).

1. Die Kinder erlernen einen neuen Reim und spielen auch mit den Instrumenten dazu.

Methodisch-didaktische Hinweise:

- Der Erzieher übt das Stück mit betonter Rhythmik ein: Mit Klatschen, Stampfen ... Textinterpretation durch Deuten auf sich oder den anderen ...
- Alle wählen sich ein Instrument. Die Kinder hören die Tonlage ihrer Instrumente heraus und teilen sich in drei Gruppen ein.
- Der Erzieher dirigiert das Lied mit wechselndem Gruppeneinsatz. Die Aufgliederung des Reimes auf die 3 Gruppen ist ihm überlassen (1./2./3. Gr. – alle zusammen usw.)

Text:
„Eins, zwei, drei, vier, fünf, sechs, sieben, wer hat diesen Brief geschrieben? Den für mich, den für dich, den für Onkel Friederich? Einen Brief aus der Türkei; eins, zwei, drei du bist frei.“

Instrumente wie stets.

2. Ein Märchen wird erzählt, die Ausrufe der darin vorkommenden Tiere werden auf Bewegungsabläufe übertragen.

Methodisch-didaktische Hinweise:

- Märchen: *„Die Bremer Stadtmusikanten“* – das gesamte Märchen wird erzählt – der Ablauf ist bekannt.
- Details zur Vorbereitung der Notation – es geht darin um das „Konzert“ und seine einzelnen Stimmen. Etwa:
- *Der Esel* wird vom Hof gejagt; erstaunt schreit er „Ooooohhhh!“ – langgezogene Armbewegung, horizontal.
- *Der Hund* wird verjagt, erschreckt knurrt er: „O!“ (knappe Handbewegung).

Die Katze läuft davon, hämisch denkt sie: „Bääähh!“ Geschieht euch ganz recht, daß ich euch keine Mäuse mehr fangen kann!“ (langgezogene Bewegung)

- *Der Hahn* ruft nur kurz und trotzig: „Nein!“ (kurze knappe Handbewegung) und denkt: „Ihr dürft mich nicht schlachten!“
- Später beobachtet *der Hahn* die Lichter im Wald. Er ruft im normalen Rufton „E-sel!“ (zweimal schwingende Handbewegung).
- Der Esel hört nicht, *der Hahn* ruft nun energisch und langgezogen (zwei lange Silben – zwei entsprechend lange Bewegungen ... „Eeesell!“
- Später erfolgt das Konzert am Fenster: *Der Hahn* ruft: Ki-ke-ri-kiiii! (drei kurze Stöße, dann ein langer mit dem ganzen Arm).
- *Katze:* Mi-auuuuuu! (kurze Aufbewegung, dann bogenförmiges Absinken).
- *Hund:* Wau wau wau! (stoßartige kurze Handbewegungen).
- *Esel:* I-a I-a I-a! (Auf- und Abbewegung im Wechsel).
- *Konzert:* Jedes Kind stellt ein Tier dar. Alle rufen „ihren“ Schrei und machen „ihre“ Bewegung dazu.
- Tierrufe mit langen und kurzen Tönen können auch wieder mit Gegenständen gelegt werden (als Partitur), z. B. beim „mi-auuuu!“: 1 kurzer und 1 langer Stab. Oder: „Ki-ke-ri-kiiii!“: Kurzer, kurzer, kurzer, langer Stab ...

Bemerkung:
Die meisten Kinder kennen das Märchen. Das erleichtert die Durchführung der Umsetzung in Farben, Linien, Bewegungen.

Bemerkung:
Vergessen Sie nicht, dieses Märchen plastisch und spannend darzustellen.

Material:
Lange und kurze Stäbchen, Stifte o. ä.

3. Notation: Die Bremer Stadtmusikanten werden in Linien umgesetzt:

1) Den Tieren werden Farben zugeordnet. 2) Eine fertige Notation wird wegen der Raumaufteilung geboten; 3) Die Kinder malen in ihr Heft Wohnhaus, Baum und Räuberhütte; 4) Durchführung der Notation, s. rechte Seite.

Material:
Notenmalhefte, Farben für die Tiere: Esel, Hund: schwarz – Katze: rot – Hahn: gelb.

Hinweise zur Durchführung:

Schriftelemente: Linien relativer Länge und Druckstärke (Ruf und Echo).
Farben: Schwarz, rot und gelb; dazu weitere Farben zum Malen der Motive.
Bewegungsablauf: Links-Rechts- und zeilenweiser Oben-Unten-Verlauf. Dabei auch Orientierung auf der Fläche für die Bildteile: Oben links (Haus), Mitte rechts (Baum) und links unten (Räuberhaus).
Ablauf der Notation (Vorschlag):
- Zuerst malen die Kinder am richtigen Platz das Haus, den Baum und die Räuberhütte, nachdem die fertige Notation im Buch gezeigt wurde.
- Notation mit Wechsel von beschreibender Großmotorik und feinmot. Notation.
  Zu 1) Langgezogene schwarze Linie. 2) Kurzer, roter Strich.
  Zu 3) Langgezogene rote Linie. Zu 4) Kurzer gelber Strich.
  Zu 5) 2 Silben, 2 flache Schwünge. Zu 6) 2 Silben, 2 langgezogene Linien.
  Zu 7) 3 kurze Stöße, 1 langer Ruf. Zu 8) Kleiner Aufstrich, in der 2. Silbe langgezogener Abwärtsbogen. Zu 9) 3 kurze Stöße. Zu 10) Auf- und Ablinie. Auch das druckschwache Echo kann eingesetzt werden.

35. Einheit: Die Kinder lernen ein neues Lied und geben dieses und andere bekannte Lieder rhythmisch wieder. Sie spielen „Verteilen im Raum“ als Ein- und Unterordnung und malen ein Dynamisches Notenbild.

1. Die Kinder singen.

Methodisch-didaktische Hinweise:
- Die Kinder lernen das Lied: „Hoppe, hoppe Reiter ...“ Es wird stark artikuliert und gehackt gesungen.
- Wiederholung des Reimes: „eins, zwei, drei, vier, fünf, sechs, sieben, wer hat ... (mit Textinterpretation) – auch andere bekannte Lieder.

Material:
Die bekannten Instrumente können eingesetzt werden.

Text:
Hoppe, hoppe Reiter, wenn er fällt, dann schreit er.
Fällt er in den Graben, fressen ihn die Raben.
Fällt er in den Sumpf, macht es einen Plumps.

2. Die Kinder singen nach Spielregeln – Reaktionsspiel:

Methodisch-didaktische Hinweise:
- Der Erzieher zeigt an einigen „Proben“, wie das Spiel abläuft: Obiges Lied und der Reim werden gesungen beziehungsweise gesprochen (natürlich auch andere Lieder). Bei einem optisch (Handbewegung) und akustisch gegebenen Zeichen „Stop“ hören alle schlagartig auf und laufen vor die Türe.
- Je zwei Kinder haken sich unter oder sitzen eingehakt Rücken an Rücken auf dem Boden. Sie singen und ziehen sich dabei im Wechsel hin und her oder gehen als Paar. Beim „Stop“ erfolgt rasch Partnerwechsel. Ein- und Unterordnung – auch bei Kinderanweisung!

3. Die Kinder verteilen sich im Raum.

Methodisch-didaktische Hinweise:
- **Wir verteilen uns im Raum:** Jedes Kind steht so, daß es vom andern Abstand hat – irgendwo im Raum. Dabei muß es nicht nur einen Platz einnehmen, sondern auch die Standorte der anderen beobachten.
- **Variation:** Auf ein Zeichen gehen alle in eine der vier Ecken. Dabei dürfen unter zum Beispiel zwölf Kindern in jeder Ecke nur drei stehen – bei weniger als zehn Kindern in zwei Ecken jeweils zwei Kinder, in den dann verbleibenden Ecken zwei oder drei ... Auf alle Fälle sollen Anhäufungen und starke Gruppen, die sich auf eine Ecke konzentrieren, vermieden werden.
  Die Kinder lernen, sich aus der Gruppe abzulösen und unabhängig von den anderen einen gezielten Platz im Raum einzunehmen. Sie überblicken vorhandene Ansammlungen in den Ecken und müssen überlegen, ob sie sich noch dazu stellen können oder nicht.

Melodie:

4. Ein Dynamisches Notenbild wird durchgeführt.

Methodisch-didaktische Hinweise:
Lied: „Hoppe, hoppe Reiter ...“
Vorbereitung: großmotorisch – Besprechung der Raumaufteilung am Dynamischen Notenbild.
Anschließend gemeinsame zeilenweise Durchführung, am besten mit Chorsingen.
Verfahren beim Schriftelement etwa wie bei: „Es war eine Mutter.“

Material:
Notenmalhefte, schwarze und lila Farben.

1) Hoppe, hoppe Reiter,

2) Wenn er fällt, dann schreit er

3) Fällt er in den Graben,

4) fressen ihn die Raben

5) Fällt er in den Sumpf,

6) macht es einen Plumps

Hinweise zur Durchführung:

Schriftelemente: Zacken und Spiralen.

Farben: Schwarz, im Untergrund lila oder violett.

Bewegungsablauf: Zeilenweise von oben nach unten, links nach rechts. Die Spiralen von innen nach außen bzw. außen nach innen.

Zu 1) und 2) Zacken im silbenweisen Rhythmus von links nach rechts bis „Reiter", dann zurück in Zacken, wobei die erste Bahn gekreuzt wird.
Zu 3) und 4) Zackenverlauf von links nach rechts bis „Graben", dann wieder von rechts nach links kreuzend zurück (s. 1)/2).
Zu 5) Spiralbewegung von außen nach innen in der Länge des Sprechens.
Zu 6) Spiralbewegung von innen nach außen in Sprechlänge.

Diese Bewegungen werden wieder zeilenweise vor der feinmotorischen Phase großmotorisch vorbereitet. **Zum Schluß:** Ausmalen des Motivs (Sumpf, Pferd . . .).

36. Einheit: Die Kinder hören Musik. Sie tanzen darauf und fügen inhaltsbezogene Bewegungen und musikalische Aktionen ein. Sie setzen ein Musikstück in Notationen um.

1. Die Kinder hören auf der Seite A das Stück: „Werft 'nen Heller ..."

Methodisch-didaktische Hinweise:

Heute hören wir uns wieder einmal eine Schallplatte an:
- „Werft 'nen Heller ..." Vorschlag: alle sitzen im großen Kreis und reagieren während des Zuhörens im Wechsel durch *Stampfen und Klatschen:* Beim Kinderchor mit Textteilen stampfen die Kinder mit den Füßen rhythmisch mit, wenn im Stück geklatscht wird, klatschen sie mit. (Fünf Teile stampfen – fünf Teile im Wechsel klatschen, im elften Teil = Abschluß: Gleichzeitig Stampfen und Klatschen) – Die Kinder übernehmen den Rhythmus der Musik und agieren mit. Spieldauer etwa zwei Minuten.

Material:
Schallplatte: Fidula Fon 1191 a/b (Neue Lieder für Kinder – die Zugabe).

1. Seite: – a –
„Werft nen Heller ..."

2. Notation: Die Kinder malen beidhändig in tanzenden Schwingungen mit: Erst großmotorisch in der Luft, dann im Heft.

Methodisch-didaktische Hinweise:

Musik: „So tanzen wir wie Bella Bimba ..."
- Die Musik wird angehört. Der Erzieher zeigt dabei, wie die Zeigefinger beider Hände auf der Tischplatte tanzen und kreisen können. Die Bewegungen werden dadurch spiegelbildlich gleich. Die Figuren können auseinandertanzen, dann wieder zusammenhüpfen ...
- Die Kinder machen dasselbe während des Spieles (ungefähr zwei Minuten lang).
- *Das Stück wird ein zweites Mal gespielt.* Die Kinder malen nun im Notenmalheft mit – beidhändig, das Farbenpaar soll „verwandt" – oder ähnlich – sein und kann wechseln. Es sind für uns „Herr" und „Dame", die Tanzpartner.

Material:
Schallplatte wie oben Seite b. „So tanzen wir wie Bella Bimba ..."
Notenmalhefte – ein bis zwei Paare Buntstifte (Filz ist hier praktisch!). Jedes Buntstiftpaar (es sind Tanzpartner: „Herr" und „Dame") – soll verwandte Farben haben: hell- und dunkelrot, blau und lila – oder rot und orange – oder orange und braun. Die tanzenden Buntstiftpaare können während des Stückes wechseln.

3. Hörerziehung und Tanz: Die Kinder tanzen zur Musik.

Methodisch-didaktische Hinweise:

- **Musik:** „Bitte, gib mir doch ein Zuckerstückchen ..." Die erste Hälfte der Kinder erhält Schellen und Glöckchen, die zweite Hälfte Klanghölzer.
- Erstes Durchspiel: Die Kinder sitzen. Bei den gesungenen Teilen „laufen" die Füße im Takt am Platz mit. Beim rhythmischen Glöckchenspiel setzen die Kinder der ersten Gruppe mit ihren Instrumenten ebenso rhythmisch ein. Beim Pferdegetrappel spielt die zweite Gruppe mit den Klanghölzern mit. Dann folgt wieder der Galopp mit den Füßen.
- **Zweites Durchspiel:** Die Kinder tanzen beziehungsweise hüpfen wie Pferdchen im Raum und setzen dann an den passenden Stellen ihre Instrumente ein. Bei diesen Teilen bleiben sie stehen ... oder sie tanzen das Stück einfach durch.

2. Seite:
b) „Bitte, gib mir doch ein Zuckerstückchen".
(a – ist: „Trat ich heute vor die Türe").

Instrumente:
Schellen und Glöckchen; Klanghölzer – eventuell Rasseln.

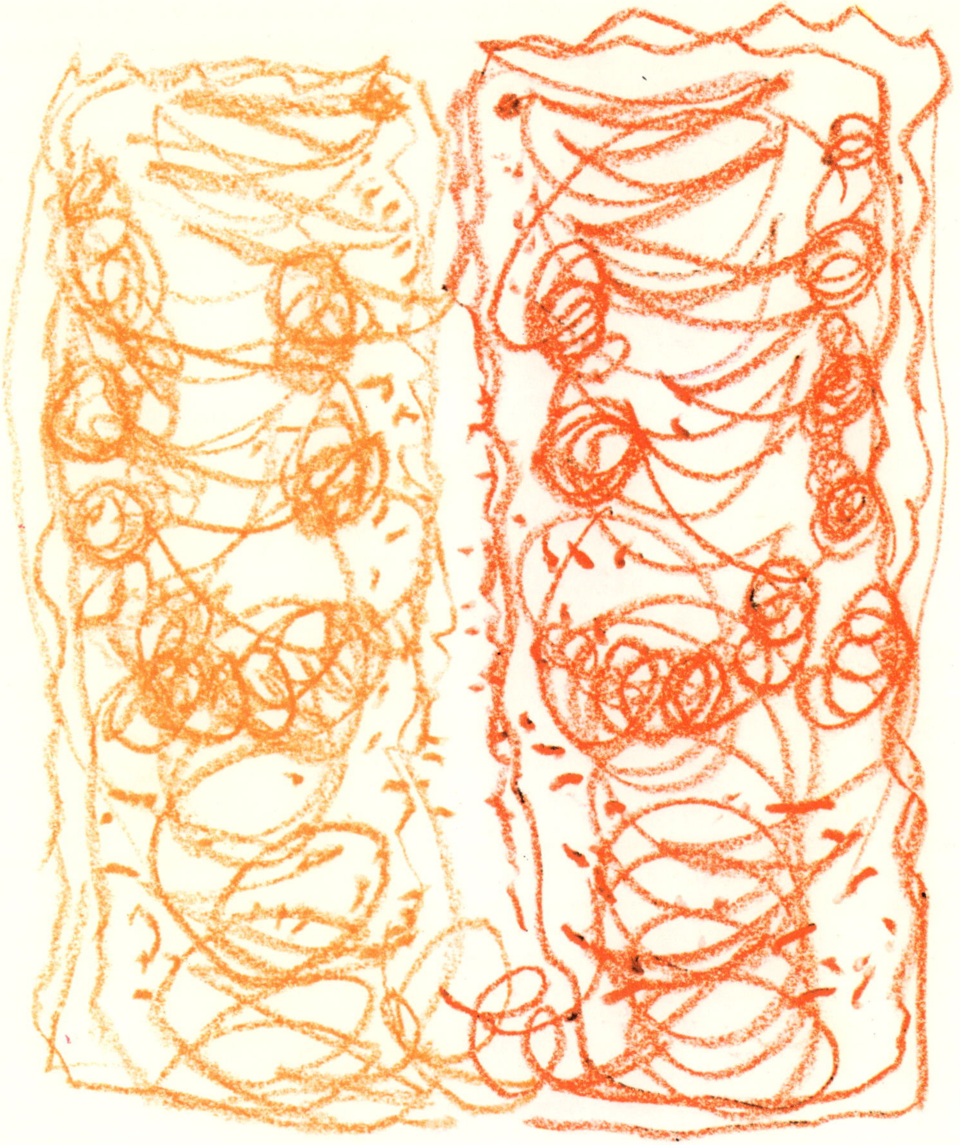

Schriftelemente: Dem Rhythmus und der Stimmung in der Musik entsprechend frei schwingend, klopfend, weit ausgreifend, in engen Linien, ausbreitend . . .

Farben: Ein Farbenpaar mit verwandten Farben, s. linke Seite.

Den Kindern macht dieses Tanzen mit Farben auf dem Papier mit beiden Händen Spaß. Da das Stück etwa 2 Min. läuft, ist es gut, wenn der Erzieher mitten unter den Kindern sitzt und mitmalt. Dabei erzählt er sich selber, wie das Paar zusammenläuft, jetzt große Bögen zieht, jetzt hüpft und Sprünge macht usw. Auf diese Weise werden die Kinder weiter angeregt und beginnen nun auch zu erzählen, was „ihre Tanzpartner" alles machen. Das kann bis zum Purzelbaumschlagen und zum Stehenbleiben oder zum Wettrennen gehen. Das Schwingen und Kreisen kommt aber in jedem Bild zum Ausdruck.

37. Einheit: Die Kinder lernen einen neuen Reim. Sie hören über geklatschte Rhythmen Lieder heraus und bestimmen die Melodien. Sie malen ein Dynamisches Notenbild.

1. Die Kinder lernen einen kleinen Reim und singen bekannte Lieder.

Material:
Die üblichen Instrumente.

Text des Reimes:
„Eins, zwei, drei, vier, fünf, strick mir ein Paar Strümpf. Nicht zu groß, nicht zu klein, sonst mußt du der Fänger sein."

Methodisch-didaktische Hinweise:

– *Der Erzieher übt mit den Kindern den Reim ein.* Er wird wieder betont rhythmisch gesprochen – einschließlich der Textinterpretation: Also begleitende Bewegungen mit Fingerabzählen, Stricken, andeutender Groß- und Kleinbewegung . . .
– *Wiederholung einiger Lieder,* so etwa: „Hoppe, hoppe Reiter" und „Es war eine Mutter . . ." und andere.

2. Hörerziehung: Die Kinder hören über geklatschte Rhythmen Melodien heraus.

Melodie zu: 1-2-3-4-5-6-7-wer hat . . .

Methodisch-didaktische Hinweise:

– Der Erzieher macht mit den Kindern einige Lieder aus – beispielsweise die oben genannten, dazu „Schornsteinfeger, schwarzer Neger . . ." Die Klatschrhythmen sollten untereinander verschieden sein.
– Der Erzieher klatscht den Rhythmus, die Kinder erraten den Reim oder das Lied. Das Kind, das zuerst die Lösung gefunden hat, darf seinerseits einen Rhythmus klatschen. Die Kinder hören also über rhythmisch wiedergegebenes Klatschen Melodien oder Reime heraus und benennen sie. (Eventuell mitklatschen, das erhöht das Einfühlungsvermögen.)

3. Die Kinder malen ein dynamisches Notenbild.

Material:
Notenmalhefte, schwarze und gelbe Farbe, später auch rote Farbe.

Methodisch-didaktische Hinweise:
Verwendet wird der Sprechreim: „Eins, zwei, drei, vier, fünf sechs, sieben, wer hat diesen Brief geschrieben . . ."
Der Reim wird in einem Tief-Hoch-Kontrast gesungen.

– Motivation: Der Briefträger – er sucht die Familie, für die der Brief geschrieben ist.
  Die Kinder malen für das Spiel ein Briefchen. Auf die erste Seite wird ein „Text" gekritzelt oder ein Bild gemalt und der eigene Name (wer es kann) eingesetzt, auf die andere Seite wird eine Briefmarke geklebt, beziehungsweise gemalt. Wir spielen nun Briefträger: Laufen, suchen, fragen nach Leuten, öffnen Briefkästen, bücken uns, kramen in der Tasche und anderes mehr.
  Dieses Spiel ist gleichzeitig ein Sprechanlaß:
  Was hat der Briefträger zu tun? Wie sieht seine Uniform aus . . .
– *Der Reim wird gesungen und die Briefträgergeschichte darin in Bewegungen eingebaut.* Bei den tiefen Tönen sitzen die Kinder in der Hocke, bei den hohen stehen sie, dazu wird rhythmisch geklatscht. Der Brief „steckt nun in der Tasche". Bei der Treppe steigen die Kinder im Singen stufenförmig hoch (siehe: „Dort auf jenem Berge" oder „Ist ein Mann in'n Brunnen g'fallen"). Nähere Beschreibung siehe rechte Seite.
– Die Raumaufteilung wird an einem fertigen Dynamischen Notenbild besprochen und daran auch der Text abgesungen.
– Die Kinder erhalten ihre Hefte und Farben. Eventuell wird die Heftseite durch Linien in drei Teile eingeteilt.
– Zeilenweise wird das Dynamische Notenbild, auch durch gemeinsames Sprechen, entwickelt.

Die mittlere Tonlage bei der Treppe wird nachträglich rot angemalt.

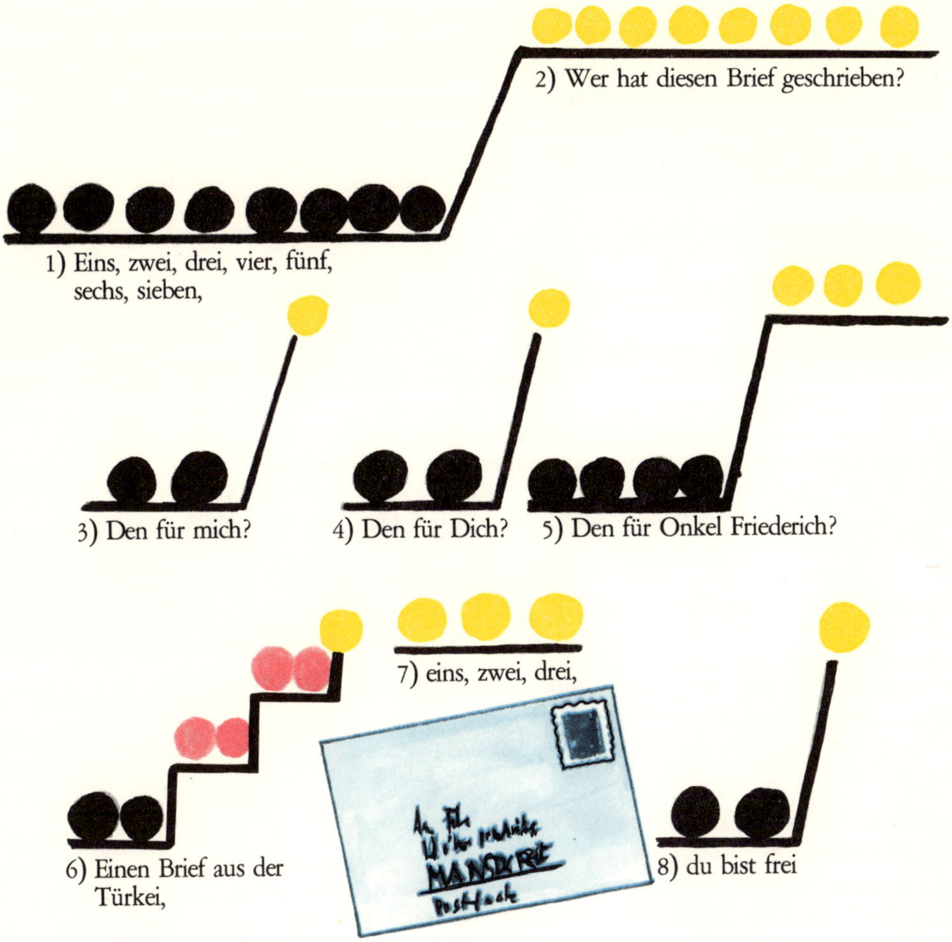

Hinweise zur Durchführung:

Bewegungsablauf: Rechts/Links- und zeilenweiser Oben-Unten-Ablauf.

Farben: Schwarz, rot und gelb für die tiefe, mittlere und hohe Tonstufe.

Schriftelemente: Kleine, rhythmisch gesetzte Kreise.

Das Blatt kann mit 2 Strichen in 3 waagrechte Fächer eingeteilt werden.
Zu 1) Auf den vorher gezogenen „Boden“ (Linie) kommt pro Silbe 1 Kugel, insgesamt sind es also 8. Motivation: Der Briefträger läuft im Treppenhaus. Zu 2) 8 Silben – 8 Kugeln. Motivation: Der Briefträger sieht hoch und fragt, ob die Familie ... da oben wohnt. Zu 3) und 4) 2 Silben – 2 Kugeln unten, je 1 Silbe (die 3.) oben. Motivation: Er kramt in der Tasche herum; bei „mich“ und „dich“ hält er fragend den Brief hoch (Oben, gelb) Zu 5) Motivation wie bei 3/4): Unten 4, oben 3 Silben – Kugeln. Zu 6) Motivation: Nun steigt er die Treppe hoch: Mit dem Melodieverlauf geht es immer 2 Silben – 2 Kugeln die Treppe hoch. Unten: Schwarz. Oben: Gelb. Zwischenstufen: Rot. Zu 7) 3 Silben – 3 Kugeln, hoch (er läuft nun im oberen Stockwerk!) zu 8): Die ersten 2 Silben tief: Er greift in die Tasche, bückt sich nach unten. Bei „frei“ ist der Brief da. Er überreicht ihn. – Kugel oben. Bitte spielen Sie mit den Kindern die Geschichte großmotorisch mit dem ganzen Körper oder mit den Händen und Armen durch! Zum Schluß: Brief malen.

Bemerkung: Dieses Dynamische Notenbild ist schwieriger und mehr für „Fortgeschrittene“ geeignet. Das Briefträgerspiel ist aber in jedem Fall empfehlenswert.

38. Einheit: Die Kinder lernen ein neues Lied. Sie setzen die Instrumente gezielt ein und spielen „Nachrichtentrommeln“. Sie malen ein Dynamisches Notenbild:

1. Die Kinder üben ein neues Lied ein und spielen nach Handzeichen:

Material:
Instrumente (s. o.).

Text des Liedes:
(Es ist meistens bereits bekannt. Das erleichtert das Spiel.)
„Kuckuck, Kuckuck, ruft's aus dem Wald. Lasset uns singen, tanzen und springen. Frühling, Frühling, wird es nun bald.

Melodie:

Methodisch-didaktische Hinweise:
- **Vorschlag:** Der Erzieher übt mit den Kindern das Lied: „Kuckuck, Kuckuck, ruft's aus dem Wald“ ein, unterstützt durch rhythmisches Klatschen.
- Der Erzieher läßt die Instrumente auswählen.
- Die Kinder spielen den „Kuckuck“ in 2 Tongruppen: Mit Ruf und Echo, also laut und leise, wie es dem Textgehalt entspricht.
- Spiel mit Text- und Melodieinterpretation: Die Kinder teilen sich in 2 Gruppen für hohe und tiefe Instrumente ein. Wir üben erst den Kuckucksruf: Bei „Kuckuck“ spielt die hohe Tongruppe mit 1 Schlag die erste Silbe, die tiefe Gruppe die 2. Silbe. Gleichzeitig wird bei den Einsätzen mitgesungen.
  Weitere Interpretationsmöglichkeit: Bei „Ruft's aus dem Wald“ gehen die Kinder mit der Melodie immer tiefer hinab, in die Hocke (Quintenraum). Bei „Lasset uns . . .“ bis „. . . und springen“: Alle spielen im Stehen „normal“, mit betontem Anschlag. „Frühling . . .“: Wie bei „Kuckuck . . .“, „wird es nun bald“: Abwärts bis in die Hocke. Jeder kann hier variieren.
- Nun wird das Spiel des Liedes mit Handzeichen dirigiert und durchgesungen; ähnlich andere Lieder.

2. Die Kinder spielen „Telefon“ und „Nachrichtentrommel“.

Material:
Für jeden ein Instrument.

Methodisch-didaktische Hinweise:
- Alle sitzen im Kreis. Ein Kind flüstert seinem Nachbarn etwas ins Ohr. Dieser gibt diese „Nachricht“ geflüstert dem nächsten weiter usw., bis das letzte Kind die Nachricht erhalten hat. Es erzählt sie laut. Stimmt sie noch oder hat sie sich verändert? . . .
- Der Erzieher baut eine Situation aus: Urwald – großes Feuer oder Krankheit oder wilde Elefanten usw. Die Neuigkeit soll schnell in die nächsten Urwalddörfer, die weit weg liegen, gemeldet werden. *Sprechanlaß:* Die Kinder überlegen, vermuten. Wie teilen Eingeborene nun wichtige Dinge ohne Briefträger, Auto oder Telefon mit?
- Der Erzieher berichtet von den Nachrichtentrommeln. Er schlägt im Rhythmus z. B. 3 x sein Instrument. Was könnte das heißen? (Die Kinder raten lassen,.) Z. B.: „Kommt schnell her!“ Oder „Lauft schnell weg!“ oder . . .
- Ein Kind schüttelt, schlägt oder trommelt (je nach Instrument) eine Nachricht. Das nächste Kind gibt sie weiter, bis das letzte sie wieder an das erste abgibt. Ist es noch die gleiche Nachricht? Oder hat sich unterwegs etwas verändert? Z. B. die Anzahl der Schläge, ein anderer Rhythmus usw.
- Andere Möglichkeit: Lang, lang, kurz, kurz, kurz. Was kann das heißen? (Horch, ein Tiger kommt. Oder: Häuptling schwer erkrankt . . . die Kinder sind hier findig.)
  Wir spielen mehrere Runden und besprechen auch Veränderungen. Dieses Spiel machen die Kinder mit Vergnügen.

3. Das Lied: „Kuckuck . . .“ wird gemalt.

Material:
Notenmalhefte, blaue Farbe. Ergänzende Farben.

Allgemeiner Hinweis:
- Durchführung im bekannten Verfahren; s. rechte Seite.

Hinweise zur Durchführung:

Schriftelemente: Haken und spiralige Kringel.

Farbe: Hellblau. Später bunte zum Ausmalen, besonders braun und grün.

Bewegungsablauf: Zeilenweise von oben nach unten und links nach rechts.
Zu 1) Links oben ansetzend wird eine rhythmisch geschwungene Linie für die erste Silbe gezogen, im spitzen Winkel dazu für die 2. Silbe die 2. Linie.
Zu 2) Wie 1). Zu 3) Von oben nach unten silbenweises Abschwingen (4 Silben, 4 Teile).
Zu 4) und 5) Großgeschwungene Kreisbewegungen, die sich verschnörkeln.
Zu 6) und 7) Wie 1) und 2). Zu 8) Wie 3).
Jede Phase wird wieder gemeinsam großmotorisch geschwungen, evtl. an der Tafel oder dergleichen demonstriert und von den Kindern gemeinsam ins Heft gemalt.

Zum Schluß malen die Kinder das Motiv aus: Einen Vogel mit braunen Federn. Das ist der Kuckuck. Dazu einen Ast, Blätter oder einen ganzen Baum.

39. Einheit: Die Kinder erfinden Bewegungsarten, denen Geräusche in verbaler oder instrumentaler Form zugeordnet werden. Rhythmisch zugeordnete Bewegungsvollzüge werden in verschiedener Art wiedergegeben. Eine Notation wird durchgeführt.

1. Musikalische Aktion: Die Kinder singen bekanntes Liedgut.

Material:
Die bekannten Instrumente.

Methodisch-didaktische Hinweise:
Die Kinder singen bekanntes Liedgut. Es können natürlich auch Lieder gesungen werden, die nicht im Rahmen der Notationen und Stundenbilder erwähnt wurden. Es geht um rhythmisches gemeinsames Spiel mit den Instrumenten, verbunden mit Text- oder Melodieninterpretation. Selbstverständlich können auch Kinder dirigieren.

2. Rhythmisches Spiel – Bewegung und Geräusche.

Methodisch-didaktische Hinweise:
- *Tierimitation mit Bewegung und vokaler Zuordnung.* Ein Kind hüpft wie ein Frosch, die anderen finden dazu das Geräusch – hier: „Quak! Quak!" ... oder einen Text. Hüpfbewegung und die Lautgebung („Quak") sollen rhythmisch gleich sein.
- Weitere Bewegungsarten und Tonzuordnungen folgen. Dabei wechseln sich einzelne Kinder ab. Ein Kind macht vor, regt an. Die restliche Gruppe ahmt nach und ordnet sich in das Spiel ein. Beispielsweise: Schleichende Katze, kriechende Schlange, watschelnde Ente, galoppierendes Pferd, stakender Storch, flatternder Vogel und anderes mehr ... was kann man dazu alles sprechen?
- Tierimitation mit Bewegung und instrumentaler Zuordnung: Ein Tier wird in Bewegung oder vokal (in seiner typischen Lautgebung) vorgeführt, dann versuchen alle, auf ihren Instrumenten diesen Laut zu imitieren (kriechen, rascheln, hüpfen, zwitschern, schreien, quaken ...) Dazu kann gleich der Laut auch vokal zugeordnet werden. Bei jedem Geräusch erfolgt gleichzeitig eine Auslese, da nicht jedes Instrument für jedes Geräusch verwendet werden kann. (Diskussion über Meinungen zur Auswahl der Instrumente – Begründen von Behauptungen ...)

3. Notation: Die Kinder malen Töne verschiedener Art mit.

Material:
Notenmalheft, schwarze, rote und gelbe Farbe.

Methodisch-didaktische Hinweise:
Die Kinder erhalten ihre Notenmalhefte und Farben. Instrumente liegen bereit. Jedes Kind führt eine der oben beschriebenen Bewegungen vor, wobei es schreit, ruft und läuft. Es kann dabei die Instrumente benützen oder versuchen, die Geräusche auch so wiederzugeben (Schaben, Klopfen, Schütteln – laut oder leise – gebunden oder gehackt.) Die anderen Kinder malen das jeweilige Geräusch, das Tier, die Bewegung mit. Dazu gehört Einfühlungsvermögen, da die Kinder Bewegungen, Stimmungen, Eigenschaften oder Töne in Farben und Linien – je nach Empfindung – übertragen sollen. *Oder:* Wie „macht" der Staubsauger? ... Wie klingt die Tasse, die hinunterfällt? Wie hören sich die Mülleimer beim Auskippen an? Wie tönt die Schreibmaschine?

4. Die Kinder geben die Notation mit Instrumenten und in Bewegungen wieder.

Vorschlag: Die Kinder tauschen ihre Notenmalhefte aus. Sie benützen die ausgebreiteten Instrumente und spielen die Partitur des anderen Kindes ab. Sie können auch die Bewegungen und Stimmen entsprechend der Notation wiedergeben.

Instrumente:
Beispielsweise: Tamburin, Trommel, Schellen, Rasselbüchsen, Xylophon, Becken.

Hinweise zur Durchführung:

Schriftelemente: Linien und Schwingungen mit verschiedenem Druck, in ruhig gezogenem Legato oder knappem Staccato.

Farben: Den 3 Tonlagen entsprechend gelb, rot und schwarz.

Raumaufteilung: In freier Gestaltung.
Hier sind nur Beispiele gezeigt. In jeder Gruppe wird die Notation verschieden aussehen. Z. B.:
Zu 1) Ein Kind galoppiert wie ein Pferd durch den Raum.
Zu 2) Ein Kind läßt „Geschirr herunterfallen."
Zu 3) Ein anderes schleicht wie eine Katze durch den Raum.
Zu 4) Ein weiteres Kind hüpft wie ein Frosch herum.
Zu 5) Ein Kind „kippt" mit Lärm „Mülleimer aus".
Zu 6) Opa und eine Nachbarin zanken sich (mit 2 Instrumenten) . . . u. v. m.
Diesem Spiel kann viel Raum gegeben werden. Auch auf großen Tafeln durchführbar!

40. Einheit: Die Kinder erlernen ein neues Lied. Sie machen Spiele mit rhythmischen Einsätzen (Nachrichtentrommeln, Wördererfinden) und führen ein Dynamisches Notenbild durch. Sie hören zum Abschluß Schallplattenmusik.

1. Die Kinder singen und spielen mit den Instrumenten dazu:

Methodisch-didaktische Hinweise:

- Die Kinder wählen sich Instrumente aus, bestimmen wieder ihre Tonlage und teilen sich in Gruppen ein. Sie reagieren auf Handzeichen (mit und ohne Lieder) mit ihren Instrumenten. Dirigent ist der Erzieher oder sind Kinder.
- Sie erlernen das Liedchen: „Ri-ra-rutsch- wir fahren mit der Kutsch ...“ Sie setzen dazu die Instrumente ein nach der Melodieinterpretation (dem Verlauf der Melodie entsprechend. Hier spielt der Erzieher den Dirigenten.)
- Wir wiederholen das Nachrichtentrommel-Spiel. Das geht über Flüstern, Klatschen, instrumentalen Einsatz oder „Morsezeichen“ auf der Tischplatte.

Material:
Die vorhandenen Instrumente.

Text:
Ri-ra-rutsch, wir fahren mit der Kutsch. Wir fahren mit der Extrapost, wo es keinen Pfennig kost – Ri-ra-rutsch, wir fahren mit der Kutsch.

Melodie:

2. Ein Dynamisches Notenbild wird durchgeführt mit „Ri-ra-rutsch“.

Methodisch-didaktische Hinweise:

- **Sprechanlaß:** In Stichworten: Kutschen – Post – Farben der Postkutschen und der heutigen Postautos – was führen diese Postwagen mit sich? Die Kinder wissen durch Wild-Westfilme allerlei über Pferdekutschen. Sie berichten, erzählen.
- Großmotorische Vorbereitung, unterstützt von einer Motivation: Eine Kutsche fährt über Berg und Tal. Die Ausgestaltung dieser „Fahrt“ im Detail ist der Phantasie jedes Erziehers überlassen. Hier der großmotorische Einsatz: **Vorschlag:** 1. „Ri-ra-rutsch“: Der Wagen rollt bergauf – unsere Hand steigt mit jeder Silbe (3) höher. 2. „Wir fahren mit der Kutsch“: Es geht bergab – die Hand schwingt rhythmisch nach unten. 3. „Wir fahren mit der ... keinen Pfennig kost'“: Den Kindern soll das Auf und Ab der Melodie bewußt werden (je 2 tiefere und höhere Töne im Wechsel). Rhythmisch schwingt die Hand im gleichen Wechsel nach oben und unten, wieder oben, unten ... 4. „Ri-ra-rutsch, wir ...“ bis zum Schluß: Wie oben.
- Am Dynamischen Notenbild des Buches können die Kinder mitsingen und gleichzeitig Farben und Raumaufteilung betrachten.
- Durchführung, s. rechte Seite.
- Wer Lust hat, malt eine Kutsche oder ein Postauto dazu.

Diese Sprechsituationen sollten möglichst über Impulse erfolgen, nicht über direkte Fragen. Die Kinder plaudern normalerweise recht unbefangen. Bei Sprechsituationen wie dieser geht es immer auch um die Kultivierung des Sozialverhaltens in der Gruppe, damit jedes Kind darin sein Recht findet, angehört zu werden, ohne daß einer den anderen überschreit.

Material:
Notenmalheft. Farben: Schwarz (für die Dynamischen Linien), gelb (wie die Post). Ergänzende Farben.

3. Die Kinder hören eine Schallplatte an und beteiligen sich am Spiel rhythmisch mit Instrumenten, Klatschen usw.

Methodisch-didaktische Hinweise:

- *„Die große Reise“* (ca. 2 Min. 30“) Die Kinder klatschen oder spielen mit – über spontane Aktionen oder dirigierende Zeichen. Die wiederkehrende Dreiteilung des Stückes gibt die Möglichkeit, mit 2 Instrumentengruppen und Klatschen mitzumachen.
- *„Besuch aus Südamerika“: „Wer kommt denn da geflogen“* – Erstes Durchspiel. Beim 2. Durchspiel sollen sich die Kinder beim „Papperlapapp, beiß ... ab“ beteiligen. Evtl. rhythmische Begleitung durch Instrumente oder Klatschen.
- Wir erfinden „spanische“ Wörter: Z. B.: Imiris, osiris, himiris, kamoris, kanja, pitja, misamba, romba ... Alles gilt, was fremd klingt.

Material:
Fidula Fon 1152.
„Die große Reise“
„Besuch aus Südamerika“.

Instrumente zum Mitspielen.

Hinweise zur Durchführung:

Schreibelemente: Kleine Kreise, stufenförmige Linien, Schwunglinien.

Farben: Schwarz (Dynamische Linien) und gelb (Hintergrund, Kutsche usw.).

Bewegungsablauf: Insgesamt Links-Rechts-Ablauf in 3 Zeilen, auf- und abwärts.
Zu 1) 3 Silben – 3 Kreise, unten beginnend. Vorher wird eine Linie gezeichnet.
Zu 2) 6 Silben – 6 Teilstriche, die Stufen ergeben; oben beginnend.
Zu 3) Mit „Wir" wird unten angesetzt (kleiner Punkt); dann kommen auf je 2 Silben Auf- und Aufwärtsstriche entsprechend dem Melodieverlauf.
Zu 4) und 5) wie 1) und 2). Zum Schluß wird wieder gemalt.

Bemerkung zum Wörterfinden: Anfangs tun sich die Kinder darin schwer, – es fehlt an Unbefangenheit. Dann aber finden sie oft kein Ende mehr – sie bringen alle möglichen und unmöglichen Wortkreationen daher. Das kleine Wort-Finde-Spiel sollte öfters durchgeführt werden.

41. Einheit: Die Kinder führen ein rhythmisches Frage- und Antwortspiel durch, auch mit neuen Wortkreationen. Sie malen ein Dynamisches Notenbild.

1. Die Kinder spielen bekanntes Liedgut, dazu das heute neue, aber allgemein bekannte Lied: „Alle meine Entchen".

Material:
Instrumente nach freier Wahl.

Text:
Alle meine Entchen schwimmen auf dem See, schwimmen auf dem See. Köpfchen in das Wasser, Schwänzchen in die Höh.

Melodie:

Methodisch-didaktische Hinweise:
- Ein Kind nach dem anderen (aber freiwillig) spielt Dirigent und zeigt mit Handbewegungen Tonhöhe und Tonstärke (für die gesamte Gruppe) an – alle spielen.
- Gemeinsames Spiel bekannter Lieder.
- Wir spielen „Alle meine Entchen . . ." mit Melodieinterpretation: Die Kinder steigen wieder aus der Hocke mit dem Melodieverlauf in die Höhe, bewegen dann oben rhythmisch „schwimmend" die Instrumente beim Singen und steigen beim Tauchen wieder hinab.

2. Wir führen ein rhythmisches Ruf- und Antwortspiel durch.

Methodisch-didaktische Hinweise:
- Je 2 Kinder bilden eine Gruppe. Das 1. Kind stellt eine Frage, das 2. Kind antwortet. Z. B.: „Spielst du mit mir?" Das andere Kind antwortet: „Ja"! o. ä. Die Worte werden mit rhythmischem Klatschen begleitet.
- Die beiden Kinder stellen sich Fragen und geben Antworten im Wechsel, wobei nun aber nicht mehr gesprochen, sondern nur noch mit dem entsprechenden Rhythmus geklatscht wird. (Die Kinder „denken" sich ihren Satz beim Klatschen).
- Sie führen das Spiel mit Instrumenten durch. Es entwickeln sich dabei Unterhaltungen, in denen „großer Wortschwall", Wut, knappe Antworten, Aufregung usw. gespielt werden können. Bei diesem Spiel werden also nicht nur Worte rhythmisch gespielt, sondern gleichzeitig Stimmungen wiedergegeben.
- Vertiefung des Spieles: Wörtererfinden.
  Erinnerung an die Schallplatte mit „Besuch aus Südamerika". Wer weiß noch, wie die Tante sprach? Die Kinder sollen noch einmal versuchen, „fremde Sprache" nachzuvollziehen und Wörter zu erfinden, wie es ihnen paßt. Das kann „spanisch", „englisch", „chinesisch" oder sonst etwas sein – die Hauptsache ist, daß die Kinder sich in Klänge und Wortmelodien hineindenken, sie formen und Wörter neu schöpfen.
- Frage-Antwortspiel mit neuen Wörtern: Ein Kind spricht ein neues Wort und spielt dazu rhythmisch mit. Sein Partner gibt Antwort, indem er ein ähnliches Wort erfindet und dazu spielt. Vielfach laufen solche Antworten auf Reime hinaus.

3. Ein Dynamisches Notenbild wird gemalt:

- Die Kinder singen nochmals „Alle meine Entchen" und klatschen rhythmisch dazu (keine Instrumente mehr).
- Beim Singen wird großmotorisch mitgeschwungen: Die Hand schwingt zuerst in spitzen Winkeln aufwärts (1. Zeile), beschreibt dann in der 2. Zeile und Wiederholungszeile Wellenbewegungen (pro Silbe eine Welle). Bei „Köpchen in das Wasser" schwingt die Hand wieder hinab, bei „Schwänzchen . . ." beschreibt sie nochmals oben Wellenbewegungen (weil der Schwanz aus dem Wasser schaut), dann geht sie ganz hinab.
- Durchführung im bekannten Verfahren.

Material:
Notenmalhefte, dazu dunkelblaue Farbe für die Dynamischen Linien. Weitere Farben zum Malen (Ente, Wasser usw.).

Hinweise zur Durchführung:

Schreibelemente: Girlanden und geschwungene Zacken.

Farben: Blau für die Linien, ergänzende Farben für Wasser, die Ente usw.

Bewegungsablauf: Von unten nach oben und umgekehrt (Bei 1 und 4), Ansatz zeilenweise jeweils links mit Zeilenführung nach rechts.

Zu 1) Die Enten „tauchen" auf. Pro Silbe schwingt der Stift während des Sprechens in spitzen Winkeln von unten nach oben (6 Silben – 6 Linien).

Zu 2) und 3) Die Enten „schwimmen" auf der 4-teiligen Girlandenwelle, pro Silbe 1 Girlande. Bei „See" senkt sich der Ton (die Ente schaut ins Wasser hinab); es kann also am Girlandenende ein Abstrich auf „See" geführt werden. Zu 4) Die Enten tauchen wieder unter: Silbenweises Abschwingen von oben nach unten, pro Silbe (6) wieder 1 Schwingung.

Zu 5) Die Schwänzchen sind oben, also 4 Girlanden (für die ersten 4 Silben) als Wellen oben einmalen. Auf „Höh" springt der Ton hinab, so wie die Köpfchen nun unten sind; also Abstrich „in die Tiefe" beim letzten Wort.

Zum Schluß malen die Kinder das Motiv wieder aus mit Wellen, Wasser, einer Ente, vielleicht auch Fischen; wie es ihnen gefällt.

42. Einheit: Die Kinder hören Gospels und Spirituals oder überarbeitete, rhythmisch betonte Negergesänge. Ihrer Kreativität wird dabei großer Spielraum gegeben in Form von rhythmischem Einsatz, Bewegung, Notation usw.

Vorbemerkung:

Alle Stundenbilder sind, wie bereits erwähnt, als Vorschläge zu betrachten, die entsprechend den örtlichen und jahreszeitlichen Gegebenheiten, der Zusammensetzung der Gruppen und der Interessenslage des Erziehers variiert werden können. Das gleiche gilt für die Schallplattenmusik. Sie wird in diesem Buch exemplarisch ausgewertet (Kindergartenlieder, musikalisches Märchen, klassische Musik (Vivaldi), Volksmusik, Indianermusik usw.). Diese Beispiele sollten Anstoß für das Spielen und Interpretieren anderer Schallplatten sein: Z. B. Haydn (Kindersymphonien), Mozart (musikalische Schlittenfahrt) Mozart (Eine kleine Nachtmusik), Musik für Kinder (Orff'sche Schulwerkbände), Konzerte, moderne Musik bis zu Disharmonien, ungarische Tanzmusik, italienische und spanische Volksmusik und Volkstänze, ja sogar türkische Musik, die auf Kinder sehr ungewohnt und fremd wirkt . . .
Vorschläge zu diesem Stundenbild sind nicht im Detail ausgearbeitet, da das Angebot in diesem Bereich sehr groß und jedem zugänglich ist und der Erzieher selbst wählen kann.
Am Anfang sollte unbedingt eine Erklärung zu Gospels, Spirituals und Tänzen der Neger stehen (Ausdruck, Sinn, Rhythmik, usw.).
Das Angebot sollte Zuhören, rhythmische Bewegungserziehung, rhythmisch-musikalische Aktion und Notation umfassen. Die Musik wird am besten raumfüllend geschaltet, damit die Kinder ganz in den Bann der Musik gezogen werden.

Möglichkeiten:

1. Die Kinder hören zu und beteiligen sich durch rhythmisches Mitspielen mit den Instrumenten oder durch Mitklatschen . . .
2. Zusätzlich bewegen sie sich tanzend im Raum.
3. Die Kinder übernehmen auch Aktionen des Stückes wie betonte Beckenschläge, Fingerschnalzen usw.
4. Mehrere Stücke werden hintereinandergespielt. Die Kinder sollen sich von sich aus in die Weisen einfühlen und agieren: Mit lebhaftem Tanz, ruhiger Getragenheit, Notation, Mitklatschen und -spielen usw. Eine Abfolge musikalischer Stimmungen wird in verschiedene Bewegungen übertragen.
5. Ein einzelnes Stück kann besonders bearbeitet werden, wie es bei früheren Einheiten beschrieben wurde: Durch mehrmaliges Anhören, musikalische Aktion, Bewegung und Notation.
6. Man kann ein „Happening" gestalten: Die Füße oder Hände werden in gefärbte Flüssigkeit oder Lehm getaucht, dann tanzen die Kinder auf großen Papierbögen und klatschen die Hände darauf, so daß die „Tanzspuren" sichtbar werden.
7. Partner-Interpretation: (als einzelne oder in Gruppen): Sie wechseln sich ab, je nachdem, ob der „Chor" oder Solostimmen bzw. Soloinstrumente vorkommen.
8. Diese Form bietet sich auch für die Notation an: Je 2 Kinder sitzen sich an einem großen Papierbogen auf dem Fußboden gegenüber. Einer malt, wenn mehrstimmig oder laut gesungen wird, der andere malt die Solostimmen oder Soloinstrumente.
   Da die Aktionen recht spontan sind und Rhythmus und Stimmen vielfältig, können die Kinder für die Notation auch viele bunte Farben verwenden (frei von der Schwarz-rot-gelb-Zuordnung). Sie können also bei lauten, volltönenden Teilen ein ganzes Farbenbündel in die Hand nehmen oder beidhändig malen, beim Solo nehmen sie dann eine passende einzelne Farbe.

Auf der rechten Seite wird eine Notation gezeigt, in der sich Solo und Tutti deutlich durch Einzelfarben und Farbbündelungen abheben. Verwendet wurde: „Little David, Play on your harp".
Getragenere Stücke, in denen die Kinder rhythmisch mitklatschen und sich rhythmisch ruhig hin- und herbewegen: Z.B.: „Good night . . .", „Ave Maria", „Sometimes I feel like a motherless child . . .". Zum Tanzen: „Golden slippers", oder: „Rock island line" (Alle erwähnten Stücke zu finden auf: „The golden gate quartet", 1 C 046/12429).

Little David play on your harp

Weitere Stücke: „Joshua fit the battle of Jericho“, „O happy day“, „Jezebel“, „Rock my soul“ usw. (Golden Gate Quartet, 1 M 048–12924.)
Oder: „Gospels and Spirituals“ mit der Pennsylvania Gospel Group und The Pearls of Joy. Ähnliche Platten sind überall erhältlich.
In der Notation oben wird gezeigt, wie mit gebündelten Faserstiften und Einzelfarben das Solo und Tutti graphisch dargestellt werden kann. Viele Stücke sind in dieser Weise verwendbar.

43. Einheit: Die Kinder singen und begleiten sich mit ihren Instrumenten dazu. Sie teilen Lieder in einem Bewegungsspiel in Phrasen auf und laufen dabei Wegstrecken mit Zielpunkt innerhalb einer Phrasenlänge. Sie erfinden eigene Dynamische Bildgeschichten.

Bemerkung:

Diese Einheit ist wieder exemplarisch zu verstehen. Sie läßt sich vielfach variieren, aufteilen und in Einzelheiten schon zu früheren Zeitpunkten einsetzen.

1. Die Kinder singen und spielen:

Material:
Instrumente wie stets.

Allgemeine Hinweise:
Es wird bekanntes Liedgut nach Wahl der Kinder oder Vorschlägen des Erziehers verwendet – begleitet von rhythmischem Klatschen oder rhythmischem, instrumentalem Einsatz mit Text- oder Melodieinterpretation. Der Erzieher oder die Kinder dirigieren.

2. Rhythmisches Bewegungsspiel im Raum:

Keine Instrumente. Hier steht das Singen, evtl. mit Klatschen, im Vordergrund.

Methodisch-didaktische Hinweise:
Lieder oder Reime werden in Teile zerlegt (in Phrasen).
Man bewegt sich so im Raum, daß man beim Schlußton der Phrase bei einem anderen Kind im Raum steht.

- Alle verteilen sich gleichmäßig im Raum. Es wird ein Lied vereinbart, z. B.: „Es war eine Mutter, die hatte 4 Kinder . . .“. Während alle singen, läuft das 1. Kind los und richtet sich seine Strecke so ein, daß es beim letzten Wort der 1. Phrase (hier: „. . . 4 Kinder“) beim 2. Kind ankommt (freie Auswahl). Es nimmt dessen Platz ein. Das 2. Kind läuft über die Dauer der 2. Phrase („Den Frühling, den . . . und den Winter“) zum 3. Kind, dieses ebenso weiter. Dieses Bewegungsspiel macht den Kindern Spaß – sie dehnen es gerne auf andere Lieder aus; schon, um zu versuchen, ob man auch mit Riesenstrecken, Umwegen, gehüpften Wegen, betont langsamen Strecken usw. auch an das Ziel kommt.

3. Notation: Die Kinder erfinden mit bekannten Dynamischen Notenbild-Motiven eigene Geschichten in farbigen Linien:

Material:
Große Malfläche, bunte Farben. Notenmalhefte.

Methodisch-didaktische Hinweise:

- **Zur Erinnerung:** Wißt ihr noch, wie wir den Frosch hüpfen ließen? Wie krabbelte der Regenwurm? Und wie malten wir den Igel? . . . usw. Die Kinder können großmotorisch das Tier darstellen, dann auch auf die Tafel oder einen großen Bogen Papier das Motiv aufmalen.
- Wir suchen bestimmte Geschichten im Notenmalbuch. Wer kann sie noch erzählen? Welche Farben brauchten wir . . .? Einzelne Bilder werden abgesungen oder gespielt . . .
- Wir versuchen eigene Geschichten. Ein Kind malt ein Dynamisches Zeichen mit passender Farbe an die Tafel o. ä. Was könnte das heißen? Wer setzt die Geschichte fort? Eine Geschichte entsteht durch Gruppenarbeit, s. rechte Seite.

Für die Notation: Malheft und Farben.

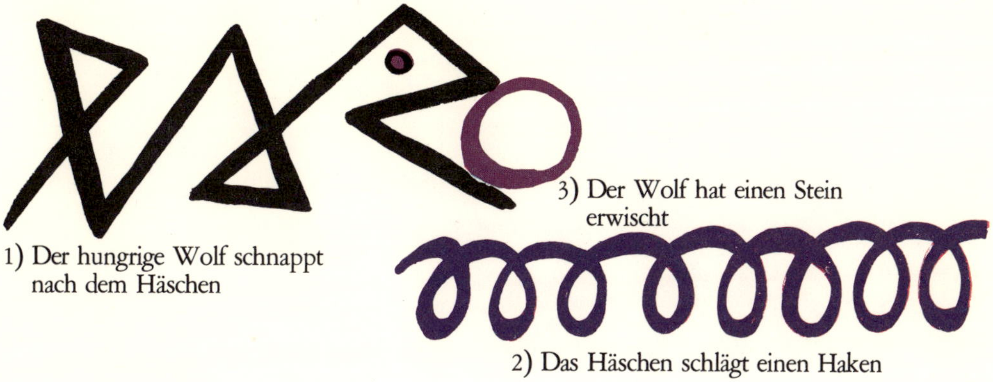

Oder:

Hinweise zur Durchführung:

1) In Fortsetzung von 4c): Ein Kind malt Zeichen vor, die anderen überlegen, wie die Geschichte heißen könnte. Sie können dabei auch Teile wegwischen bzw. streichen oder ergänzen, damit ihre Geschichte paßt. Weitere Kinder fügen nacheinander neue Zeichen hinzu – die Geschichte wird dadurch verlängert, fortgesetzt und auch nach neuen Einfällen inhaltlich bewußt manipuliert (Gruppenarbeit).
2) Eine Geschichte wird im Voraus inhaltlich festgelegt; die Kinder finden die Zeichen dazu (Gruppenarbeit).
3) Jedes Kind denkt sich selber eine Geschichte in seinem Notenmalheft aus. Anschließend darf jedes seine Geschichte mit Worten und/oder Instrumenten den anderen erzählen (Einzelarbeit).
4) Vorschläge werden vom Erzieher zu Anfang geboten – die Kinder malen gleiche oder ähnliche Geschichten. Oben sind 3 Vorschläge mit bekannten Schriftelementen und Farben angeboten.

Literaturhinweise

Lieder, Verse, Reime

Allerleirauh, Viele schöne Kinderreime, vers. von H. M. Enzensberger. Suhrkamp Verlag, Frankfurt 1971.
Frischauer, Paul: Knaurs Kinderlieder der Welt. München 1973.
Frohes Singen, frohes Klingen. Bekannte Kinder- und Volkslieder. Ueberreuter, Wien und Heidelberg o. J.
Keller, Wilhelm: Ludi Musici, Bd. 1 und 2; Fidula. Boppard 1970/72.
Krüss, James: Der wohltemperierte Leierkasten. Bertelsmann Jugendbuchverlag, Gütersloh 1966.
Krüss, James: Gedichte für ein ganzes Jahr. Otto Maier Verlag, Ravensburg [3]1973.
Rockel, Liselotte: Das Liedernest. Fidula, Boppard 1971.

Fachliteratur, Bücher für die Praxis

Abel-Struth, Sigrid: Musikalische Grundausbildung, Bd. 1. Diesterweg, Frankfurt 1973.
Abel-Struth, Sigrid: Musikalischer Beginn in Kindergarten und Vorschule; Bärenreiter Verlag Kassel,
Der Übergang vom Kindergarten zur Grundschule. Verlag L. Auer, Donauwörth [4]1974.
Friedemann, Lilli: Kinder spielen mit Klängen und Tönen. Möseler, Wolfenbüttel 1971.
Glathe-Seifert, Brita: Stundenbilder zur rhythmischen Erziehung. Kallmeyer, Wolfenbüttel [2]1972.
Keetmann, Gunild: Elementaria; Klett Verlag Stuttgart.
Keller, Wilhelm: Einführung in „Musik für Kinder". Schott, Mainz 1963.
Küntzel-Hansen, Margit: Klänge, hören, lesen, zeichnen (mit Schallplatte). Musik mit Stimmen, 1972. Instrumentenbuch für Kinder, 1972. Friedrich Verlag, Velber 1971.
Küntzel-Hansen, Margit: Vorschulkinder in Aktion. Friedrich Verlag, Velber.
Meyer-Denkmann, Gertrud: Klangexperimente und Gestaltungsversuche im Kindesalter, Rote Reihe, 11. Universal Edition Mainz 1972.
Pfisterer, Trudi: Rhythmisch-musikalische Erziehung in Kindergarten und Schule. Pelikan Edition, 1971.
Rosenstengel, Alfred: Musizieren mit Kleinkindern. Beltz Verlag, Weinheim 1974.
Zöller, Gerda: Musik und Bewegung im Elementarbereich. Institut für Frühpädagogik. München 1974.

Schallplatten

Europäische Kindertänze. Diesterweg, Frankfurt.
Musik für Kinder – Schallplattenaufzeichnungen der Orff-Schulwerkbände. Dacapo.
Piccolo Sax & Co: Kleine Geschichte eines großen Orchesters. Philipps.
Die neuen Abenteuer von Piccolo Sax & Co. Philipps.
Prokofieff: Peter und der Wolf. Philipps.
Prokofieff: Das häßliche Entlein und andere Lieder. Decca.
Respektlose Kinderlieder. Philipps.
Lieder für Kinder in großer Auswahl bei: Fidulafon.
Susanne, Wollt ihr mit uns fröhlich sein? Hoffmann/Bruhns/Arbeitsgruppe Sesamstraße.
Tom und Nina im Wunderland der Töne (1972). Maritim.

Weitere Schallplatten bieten sich in breitester Palette an:
Vivaldi, Die vier Jahreszeiten; Haydn, Kindersymphonie; Mozart, Musikalische Schlittenfahrt; Smetana, Die Moldau; Dvorak, Slavische Tänze; Ravel, Bartok, Strawinsky, Stockhausen –
bes. Volkslieder und Volkstänze aus aller Welt, z.B. El Condor Pasa, Los Inkas, Boloviano soy ... italienische, ungarische, griechische, spanische Lieder und Tänze, Gospels und Spirituals, z.B. das Golden Gate Quartett ...